HAND lettering

Super EASY!

Dein 30-Tage-Workshop

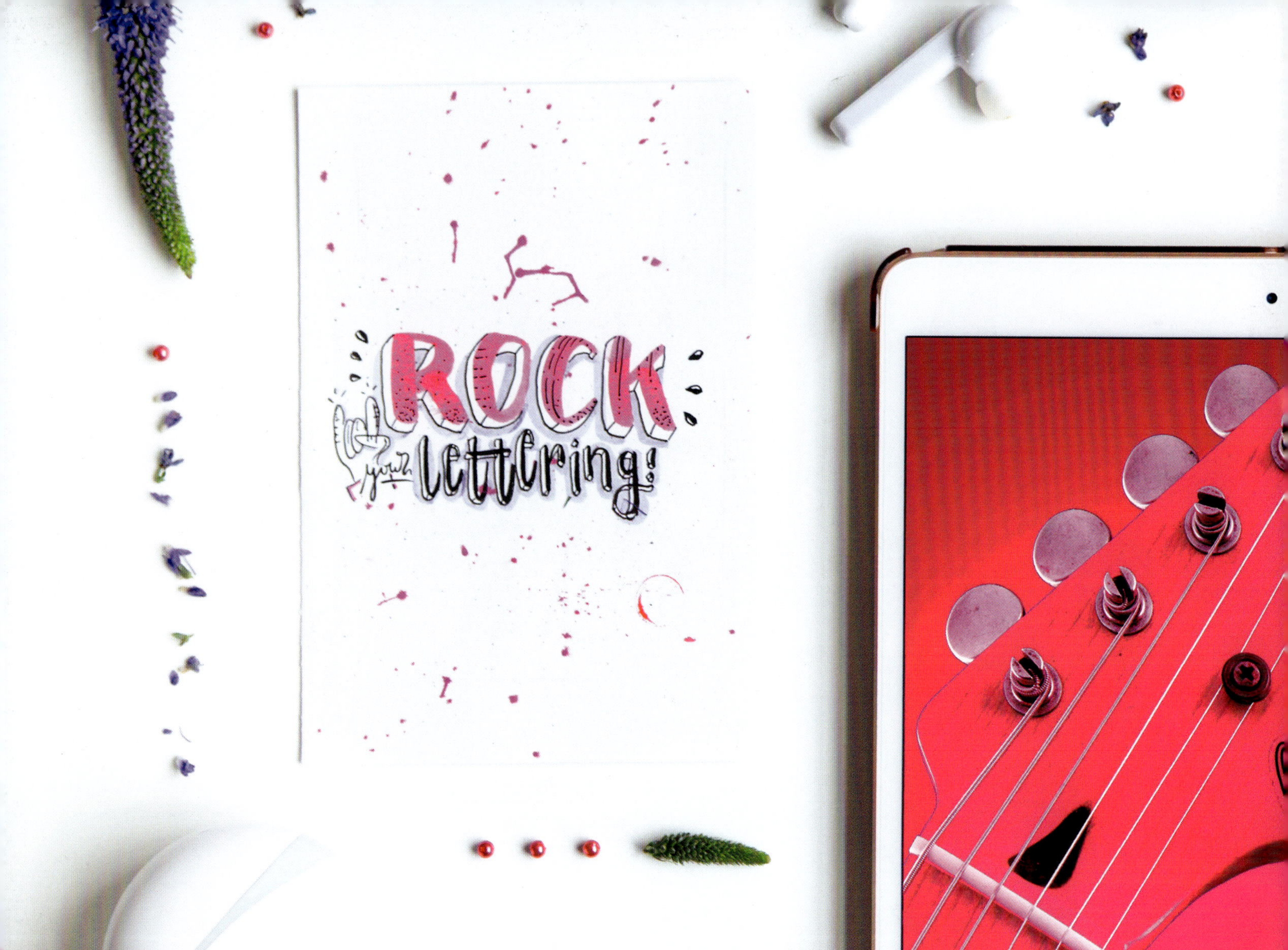
ROCK
your lettering!

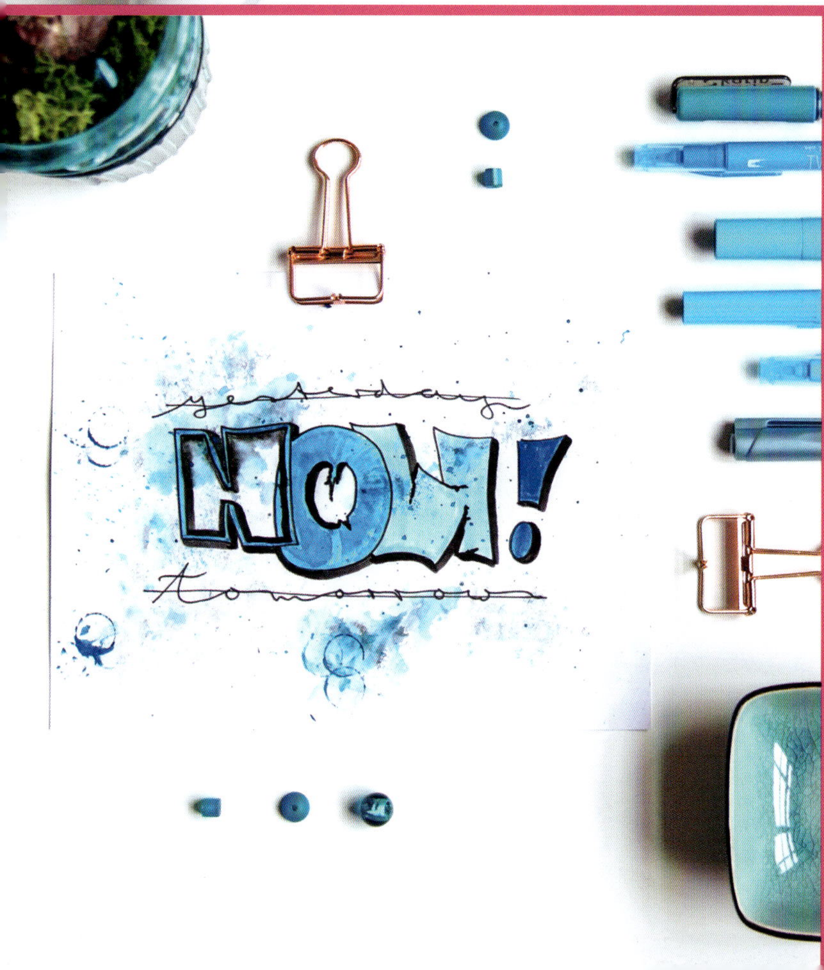
yesterday
NOW!
tomorrow

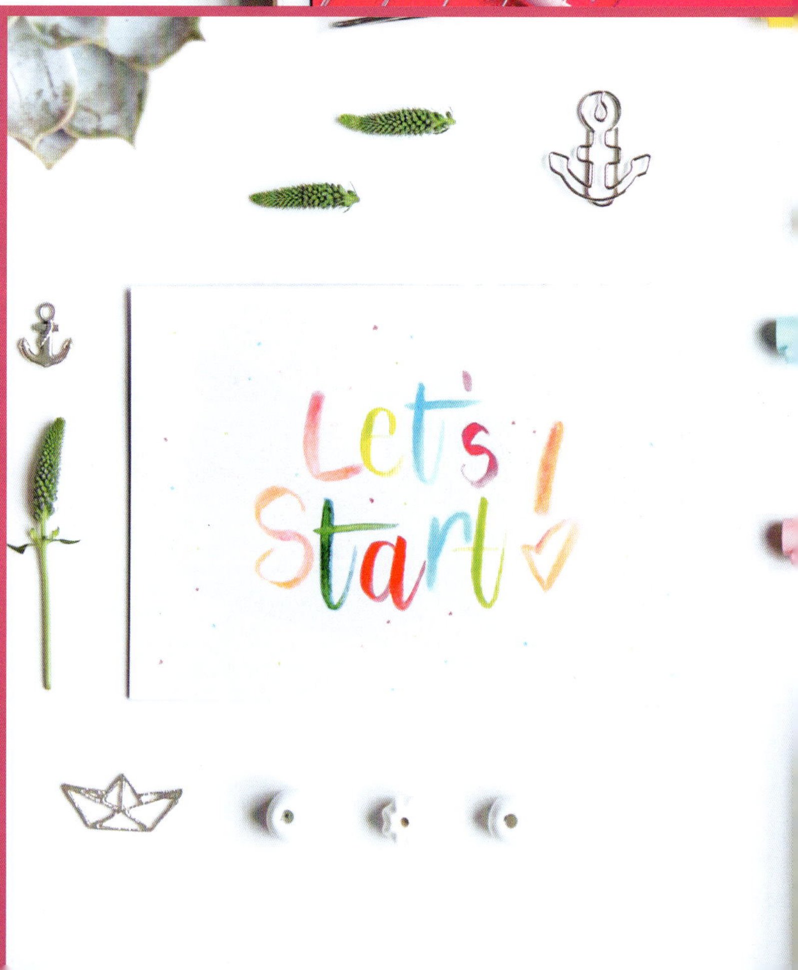
Let's
Start!

CHRISTINE AUST
LICHTANDLETTERS

HANDlettering

Super EASY!

Dein 30-Tage-Workshop

EMF

EIN BUCH DER
EDITION MICHAEL FISCHER

Inhalt

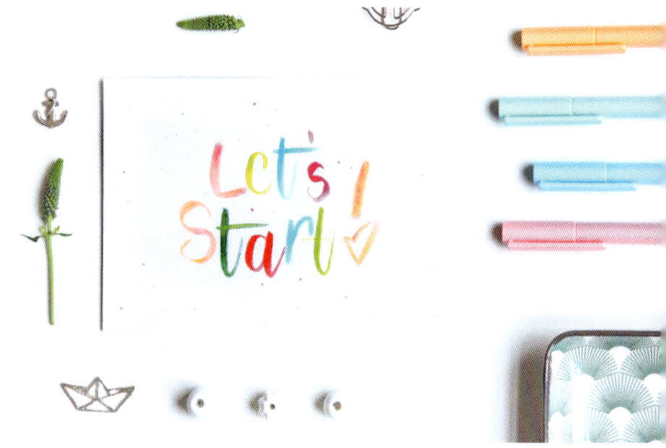

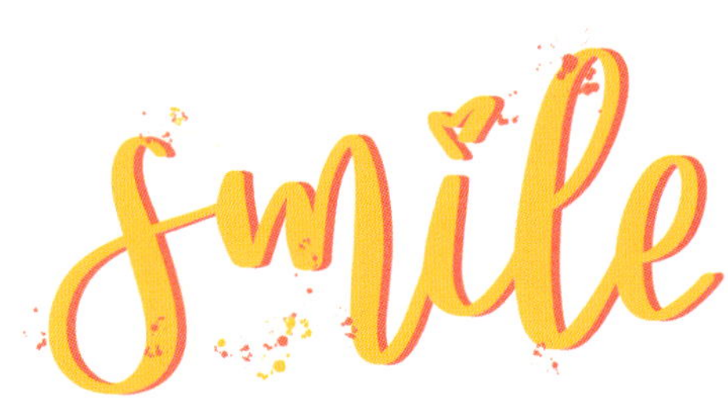

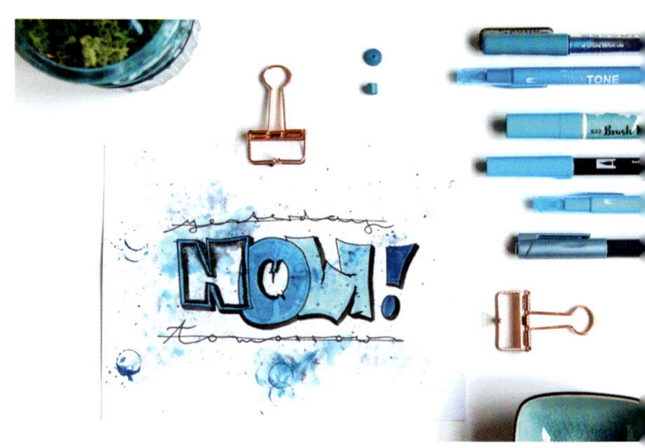

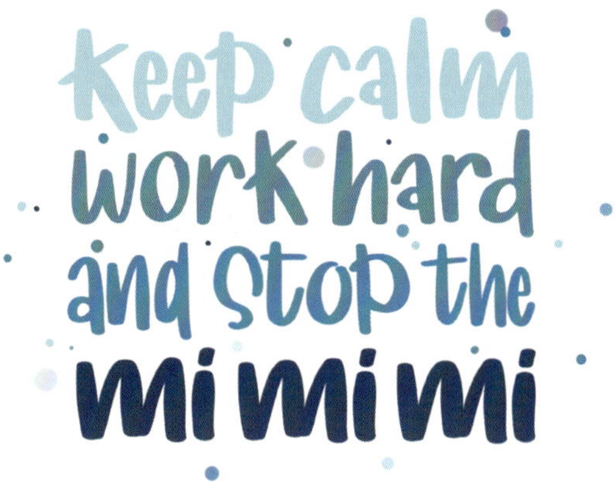

Keep calm
work hard
and stop the
mi mi mi

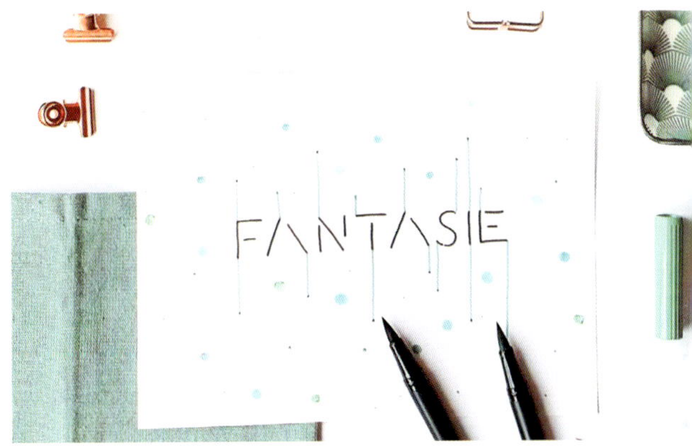

FANTASIE

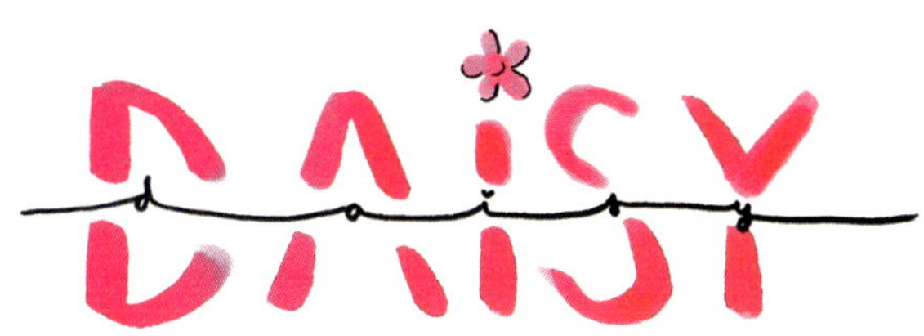

DAISY
daisy

Vorwort

Weißt Du, alles Schöne kommt von H A N D: Hand in Hand in den Sonnenuntergang gehen, Handstand am Strand machen, der Lieblingsmensch trägt einen auf Händen, früher hieß es „Küss die Hand, schöne Frau", die unglaublich leckere Pizza vom Lieblingsitaliener ist natürlich handgemacht, im Englischen ist handsome nicht ohne Grund das Wort für hübsch & attraktiv, und dass es Handtasche und nicht „Teures, sackartiges Ding aus Stoff mit Trageriemen, in das der Inhalt eines halben Einfamilienhauses passt" heißt, liegt ohne Frage auf der ... äh ... HAND! Natürlich, was auch sonst.

Und nun hältst Du Deinen 30-Tage-HAND-Lettering-Workshop in den – okay, einmal noch – Händen und wir gehen – jaaawohl – Hand in Hand (ich musste gerade selber kichern, als ich das schrieb) auf eine Reise und tauchen gemeinsam in die fabelhafte Welt der handgemachten Buchstaben ein.

Doch zuerst will ich Dir etwas verraten: Handlettering macht glücklich (schon allein wegen „Hand", we remember?)! Mit dem Lettering ist es nämlich wie mit Schuhen, die machen auch glücklich! Warum? Weil sie immer passen. Genauso ist es auch mit dem Lettering. Buchstaben & Stifte machen immer glücklich! Warum? Weil es so gut wie keine Regeln gibt, weil Du direkt loslegen und Deiner Kreativität freien Lauf lassen kannst und weil es ungemein entspannt. Lettering passt immer!

Und ich verrate Dir noch etwas: Wer schreiben kann, der kann auch lettern, denn wer Füße hat, kann auch Schuhe kaufen. Und dann glücklich sein.

Es geht also in Deinem 30-Tage-Hand-Lettering-Workshop um nichts weniger als ein Stück vom Glück. Um schöne, ausgefallene, coole, anbetungswürdige, funky und verdammt gut aussehende von Hand gemachte Buchstaben.

Manchmal sind sie ganz einfach zu zeichnen, haben aber eine so großartige Wirkung, dass Du ab sofort jedes Wort nur noch genau so schreiben willst, manches Mal wirst Du aufspringen und „Ahh ... ach so" rufen, weil eine vermeintlich schwierige Schrift durch einen Profi-Tipp plötzlich zum Kinderspiel wird und manchmal wirst Du Dich fragen, was diesen Buchstaben eigentlich einfällt, dass sie so Diva-mäßig daherkommen und einen in den Wahnsinn treiben. Aber Du wirst sie alle in Dein Herz schließen und lieben, versprochen! #handaufsherz

Mach Dich also bereit für Deine kreative Reise ins Land der Limited Edition Letters und lass uns gemeinsam schöne Buchstaben machen! #handgemacht

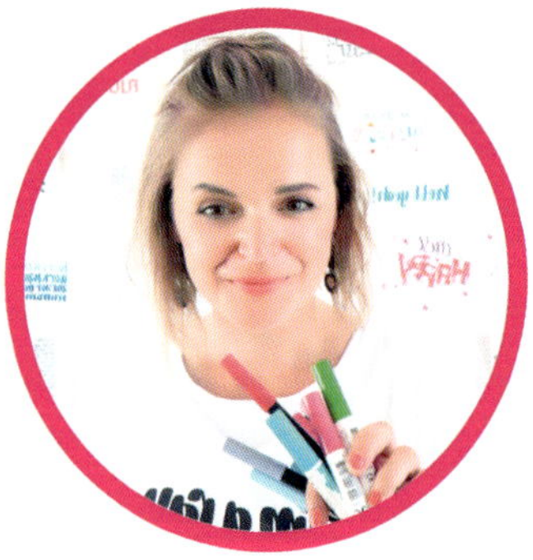

Deine Tini

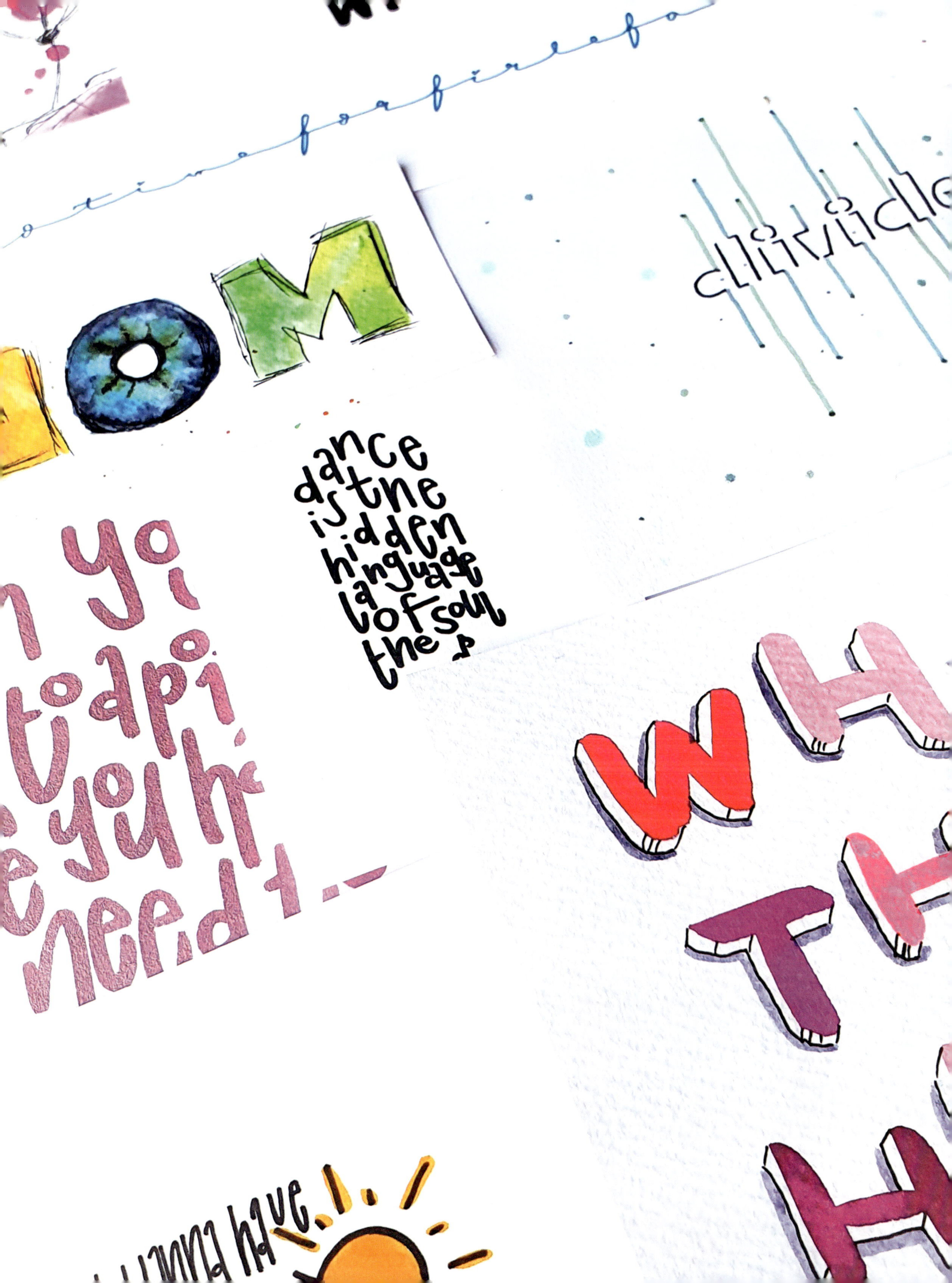

divide
dance
is the
hidden
language
of soul
the
need t
nna have.

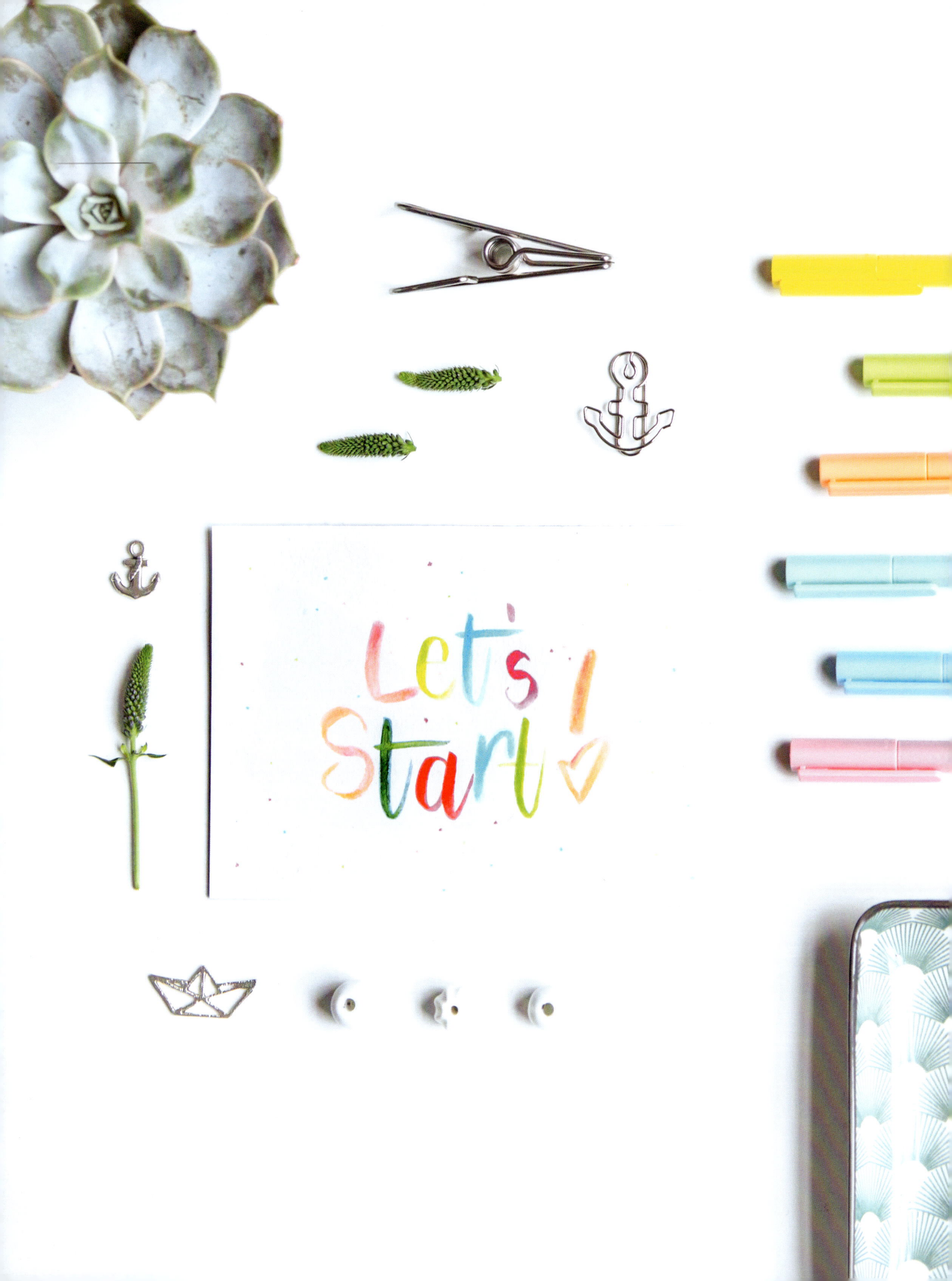
Let's
Start!

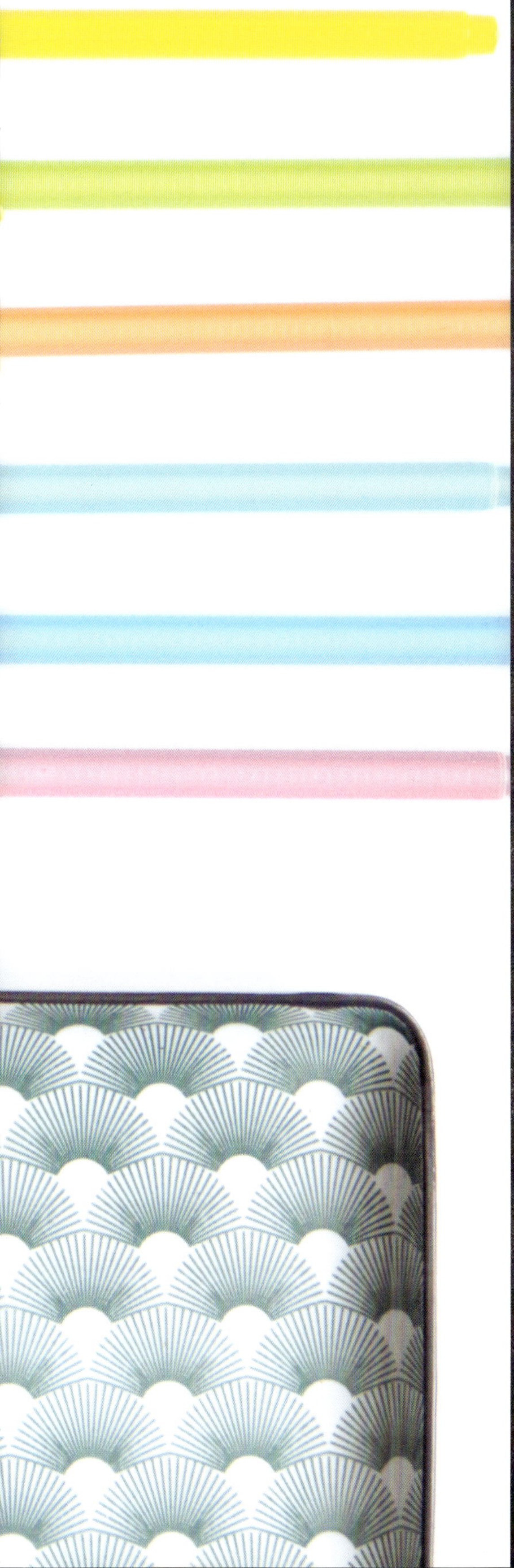

HAND LETTERING

MATERIAL UND BEGRIFFE

Bevor wir mit dem schönen Buchstabenmachen so richtig loslegen und in deinen 30-Tage-Hand-Lettering-Workshop starten, machen wir einen kleinen Ausflug in den bunten Kosmos der Lettering-Begriffe. Der Kosmos ist dabei eher ein dicht bewachsener Dschungel, den wir gemeinsam entwirren und Durchblick in das Begriffsdickicht bringen. Am Ende kennst du nicht nur den Unterschied zwischen Hand Lettering und Brush Lettering, warum es zwar kein Lippenstift Lettering gibt, dafür aber Chalk Lettering, deine Deutschlehrerin früher allerdings nicht mit Kreide geletttert hat und warum wir wieder öfter Postkarten schreiben oder gar – lettern sollten!

Außerdem gibt's einen Mini-Ausflug in die Lettering-Geschichte und du erfährst, warum Lettering eigentlich kein aktueller Trend, sondern sogar schon wieder Retro ist!

Anschließend tauchen wir zusammen in eine weitere Galaxie ein, und zwar in die wunderbare Welt der Lettering-Stifte und Papiere. Wobei das ehrlicherweise erst mal auch ein undurchsichtiger Dschungel ist, aber du ahnst es bereits: Marie-Kondo-mäßig bringe ich Licht ins Material-Dunkel. Danach weißt du, was du wirklich fürs Hand Lettering brauchst, welche Materialien meine persönlichen Favoriten sind und was ganz dringend auf deine Must-have-Stifte-Wunschliste muss. Und ich verrate dir, was meine persönlich beste Material-Investition war und – Überraschung – es ist weder ein Stift noch Papier!

Leider muss ich dich noch warnen: einmal eingetaucht in die fabelhafte Welt der Lettering-Stifte & Papiere, wird es für dich in Zukunft sehr schwer werden, an einem Laden mit Künstler- bzw. Bürobedarf vorbeizugehen und nicht doch irgendein neues „Schätzchen" mitzunehmen. Weil genau diiiese eine Farbe hast du noch nicht (klar hast du schon 3 Fantastillionen andere Pinktöne, aber diesen einen ganz. sicher.noch.nicht!).

WAS IST HAND LETTERING UND WER HAT'S ERFUNDEN?

Als ich damals mit dem Lettering angefangen habe, gab es einfach nur den Begriff „Hand Lettering". Heute ist das Ganze kein neuer Trend, der aus Asien über Australien in die USA kam und seit einigen Jahren auch bei uns angekommen ist. Manche sprechen sogar von einem Retro-Trend – war ja klar, alles kommt irgendwann wieder, von der Nietenjeansjacke bis zum Filterkaffee, right? Retro-Trend also, weil man es auf das alte Handwerk des Schildermalens zurückführen kann. Damals war es Aufgabe des örtlichen Schildermalers, Schaufenster, Straßenbeschilderungen, Warntafeln und eben Schilder aller Art von Hand zu beschriften. Natürlich könnte man auch noch weiter zurückgehen in die Zeit vor der Erfindung des Buchdrucks oder gar noch weiter zu den alten Ägyptern, wo man etwa 2000 v. Chr. das erste echte Alphabet findet.

Aber bevor das hier ein halbes Geschichtsbuch wird, let's go back to Hand Lettering und dem Begriffsdschungel, da haben wir echt genug zu tun! Millionen von Menschen (okay, sagen wir hauptsächlich Frauen ;-)) weltweit haben also mittlerweile die Kunst der schönen Buchstaben für sich entdeckt. So schwirren nun eine Menge bunter „Lettering-Begriffe" im Kreativ-Kosmos umher, die zum Teil dasselbe meinen und manchmal einfach völlig überflüssig sind.

Da gibt es neben Hand Lettering bzw. Lettering z. B. Brush Lettering & Brushpen Lettering, Modern Lettering & Modern Handlettering, Bounce Lettering, Chalk Lettering, Flourish Lettering, Graffiti Lettering, Digitales Lettering, Lettering Sans Serif, Serif Lettering, Cursive & Script Lettering, Vintage Lettering, Billboard & Poster Lettering, Mural Lettering, Gothic Blackletter Lettering, Creative Lettering und nicht zu vergessen Typographie, Kalligrafie, Faux Calligraphy, ach ja, und natürlich Lichtandletters Lettering ;-) uuuund ... S T O P! Du siehst schon, verrückte Lettering-Begriffswelt und falls du jetzt mindestens 3 große Fragezeichen und ein stirnrunzelndes „Hä?" im Kopf hast, keine Sorge!

Ich bringe jetzt für dich Ordnung in den Begriffsdschungel und eigentlich ist es ganz einfach: wenn du nämlich einmal verstanden hast, was Lettering eigentlich ist und was der Unterschied zu Hand Lettering und Brush Lettering ist, macht es Klick bei dir! Dann kannst du dir ganz easy jeden Lettering-Begriff der Welt erklären und, wenn du magst, auch noch selbst welche ausdenken und in die schöne große weite Lettering-Welt hinaustragen. Bereit? Dann lass uns loslegen!

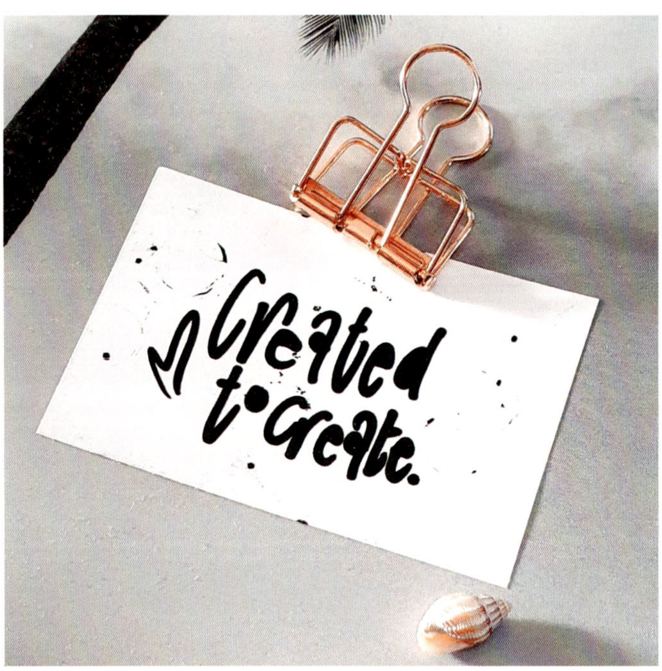

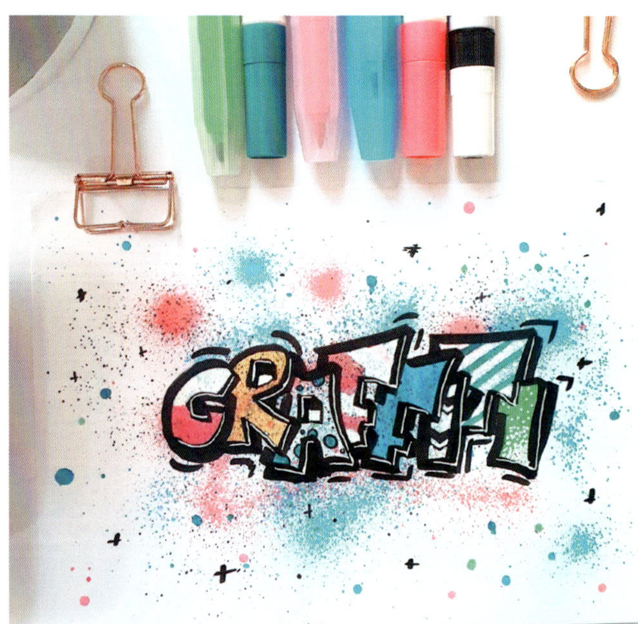

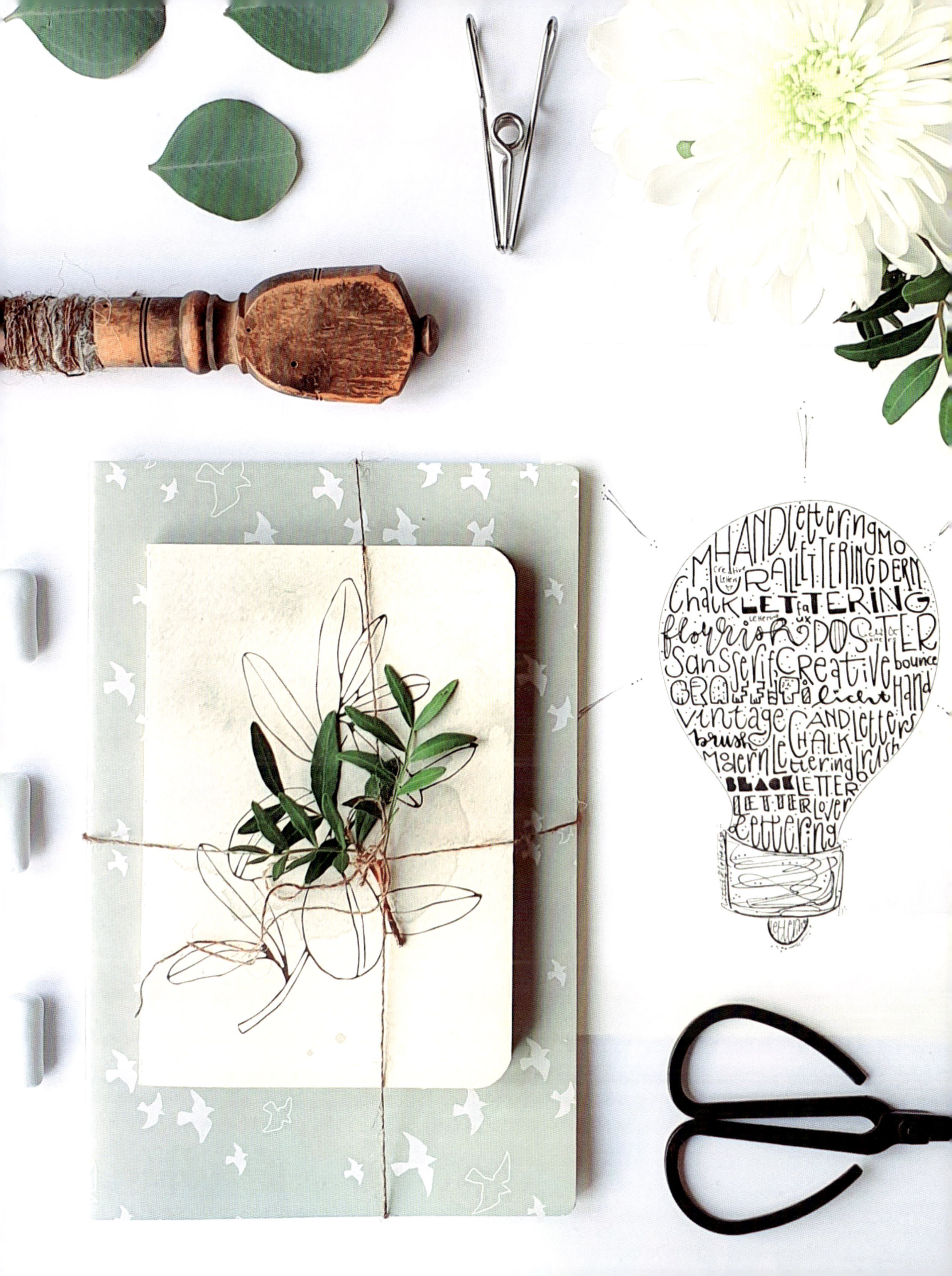
HANDlettering
MURAL LETTERING
MODERN
Chalk LETTERING
faux
flourish
POSTER
bounce
Sans Serif
Creative
GRAFFITI
licht
Hand
vintage
AND
letters
brush
CHALK
Modern Lettering
brush
BLACKLETTER
LETTER lover
Lettering

Lettering-Begriffe

LETTERING

Lettering bedeutet ganz einfach „Buchstaben gestalten“, oftmals verbunden mit einem gewissen künstlerischen Anspruch und NICHT einfach nur schön schreiben (das wäre dann Kalligrafie). Es geht vielmehr um die Gestaltung jedes einzelnen Buchstabens. Weißt du noch, früher vor What's App, Instagram & Facebook, da hat man sich noch Postkarten aus dem Urlaub geschrieben? Diese Postkarte früher, die hast du geSCHRIEBEN und eben nicht geLETTERT, weil du da nicht jeden Buchstaben kunstvoll einzeln gemalt hast, sondern du hast, genau, einfach die Karte in deiner ganz normalen Handschrift geschrieben! Meistens stand da was übers Wetter und ob das Essen schmeckt und so ... ;-) Lettering ist also einfach die Kunst des schönen Buchstabenmachens.

Dabei spielt es übrigens keine Rolle, ob deine Buchstaben besonders üppig dekoriert oder ganz puristisch gehalten sind. Du letterst, sobald du deine Buchstaben aktiv gestaltest, statt einfach nur in deiner normalen „Einkaufszettel-Schrift“ zu schreiben.

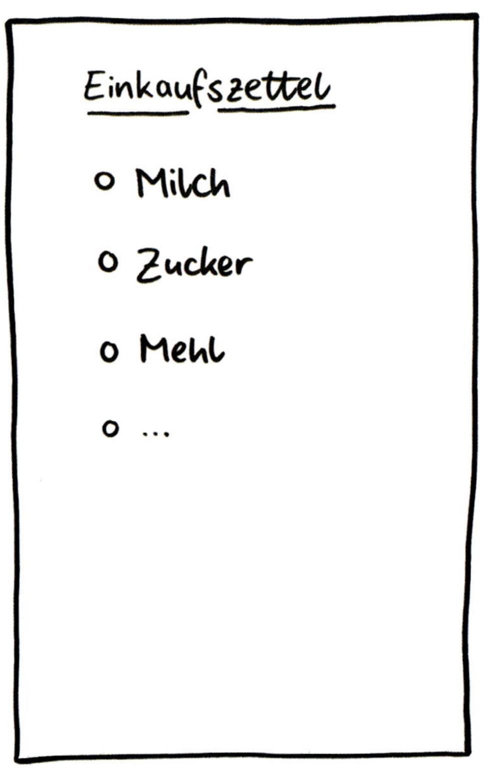

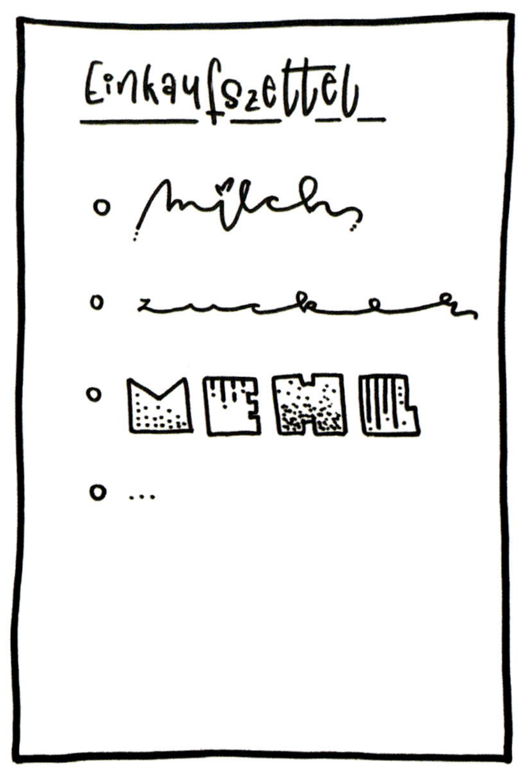

HAND LETTERING

Hand Lettering bezeichnet alles was du mit der HAND letterst, egal ob das auf Papier, auf dem iPad oder auf einem Surfboard ist. Deine Mitschriften in der Schule oder an der Uni hast du zwar mit der Hand, also handschriftlich gemacht, aber es war natürlich kein Hand LETTERING! Warum? Mit der Hand ja, check, aber nicht geLETTERT, weil du einfach nur mitgeschrieben hast, statt jeden einzelnen Buchstaben bewusst zu gestalten.

Ach ja, und weil Buchstabengestalten, also Lettern, am Computer Typografie heißt, kannste Hand Lettering auch einfach nur Lettering nennen, weil Lettering immer mit der Hand ist.

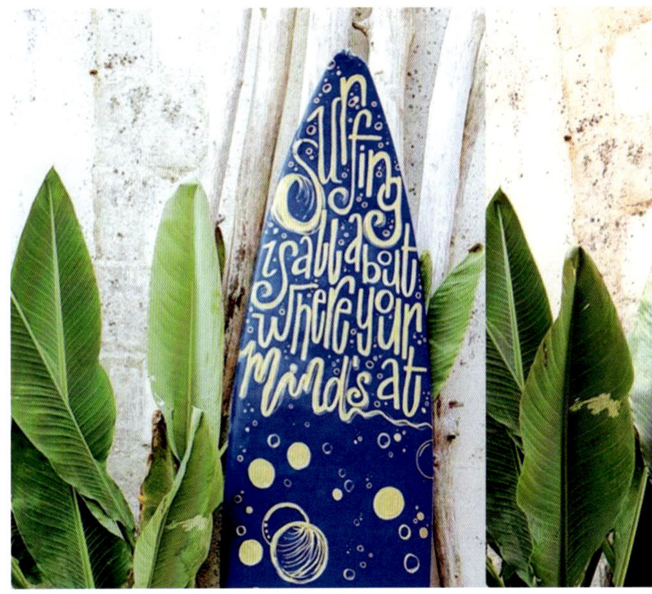

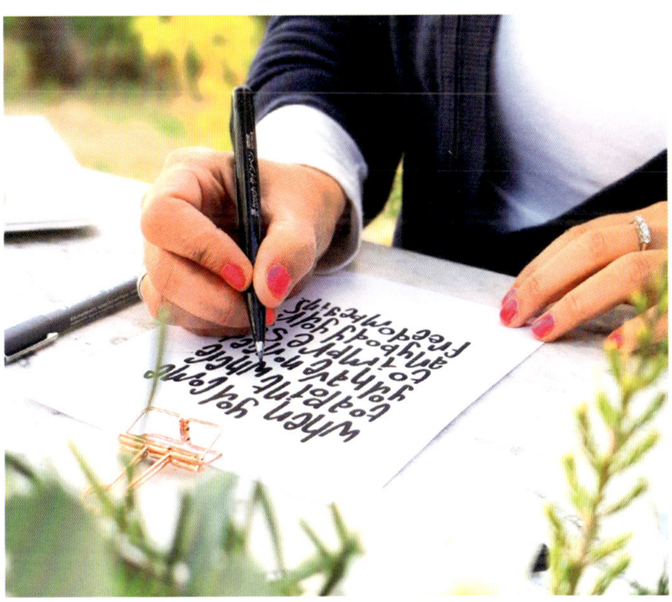

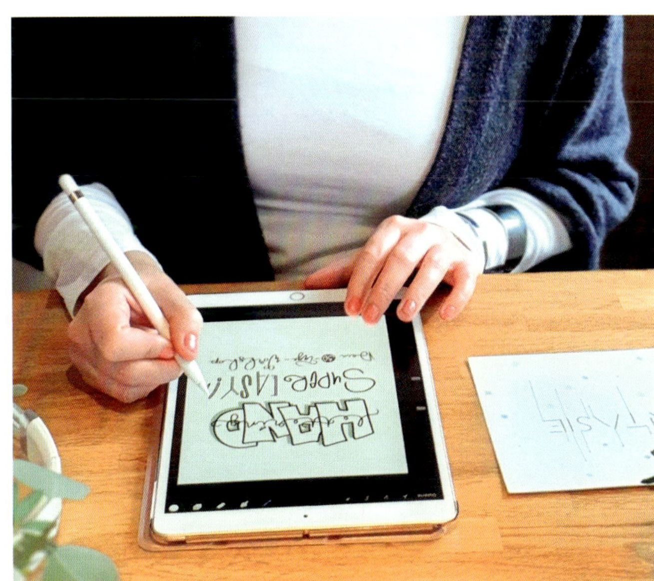

MODERN HAND LETTERING

Good News, die Begriffserklärungen werden immer kürzer, weil wir das mit dem (Hand) Lettering ja bereits geklärt haben, und im Prinzip könntest DU selbst jetzt hier hinschreiben, was Modern Hand Lettering ist. Aber ich mach das mal schnell für dich, okay?

Modern Hand Lettering ist modernes, cooles & hippes Hand Lettering, also alles, was du mit der Hand letterst und nicht klassisch ist. Du kannst es dir in etwa so vorstellen, wie wenn du einen klassischen Sonntagsbraten mit Rotkohl und Klößen bei Oma mit einer angesagten Poke Bowl mit Quinoa, Edamame Bohnen und gegrilltem Sesamhühnchen vergleichst. Beides ist superlecker und genau richtig so wie es ist, aber das eine eben sehr klassisch und das andere sehr modern.

Klassisches Hand Lettering

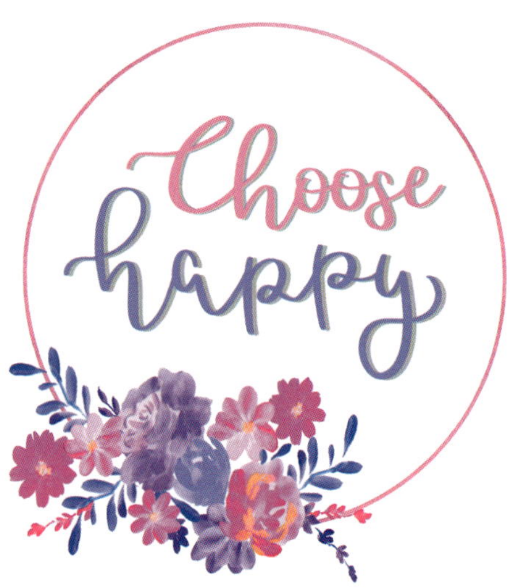

Modern Hand Lettering

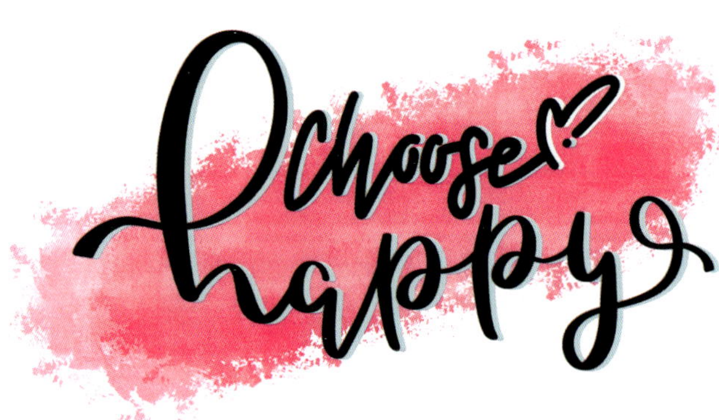

CHALK LETTERING

Eine besonders schöne Lettering-Form ist das Chalk (= Kreide) Lettering. Du ahnst es schon, Chalk Lettering ist Hand Lettering mit Kreide bzw. Kreidemarker. Angesagt ist das Chalk Lettering aktuell in hippen Szenelokalen & Cafés, die z. B. die Speisekarte von Hand auf eine große Wandtafel lettern. Wenn du durch die Stadt läufst, siehst du auch immer häufiger kunstvoll mit Chalk Lettering beletterte Schaufenster. Der große Vorteil von Kreide Letterings ist – auch das ahnst du schon –, dass du alles wieder rückstandslos entfernen und so nach Lust und Laune jederzeit neu belettern kannst.

Ach ja, die Deutschlehrerin macht übrigens kein Chalk Lettering, weil sie die Worte einfach nur in einem Zug an die Tafel schreibt und die Buchstaben nicht einzeln gestaltet. Sie schreibt einfach nur mit Kreide an die Tafel.

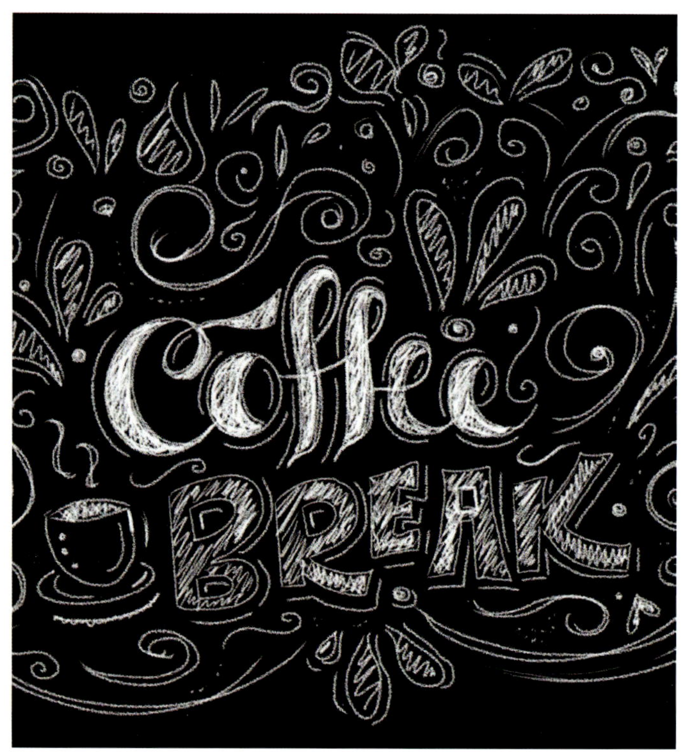

BRUSH LETTERING

Kommen wir jetzt zum anderen großen Lettering-Begriff, dem Brush Lettering. Nachdem du jetzt weißt, dass Hand Lettering Lettering mit der Hand ist, heißt es logischerweise, dass du beim Brush Lettering einfach in deiner Lettering-Hand einen Brushpen (also einen Pinselstift) hast. Egal, ob du damit auf Papier, der Wand oder dem Surfboard letterst, es ist und bleibt Brush Lettering, abgeleitet vom „Werkzeug“ (dem Brushpen), mit dem du letterst. Letterst du mit einem Lippenstift, wäre es dementsprechend wegen des „Werkzeugs Lippenstift“, also ein Lippenstift Lettering.

Du könntest dich jetzt fragen, warum es dann nicht auch ein Filzstift Lettering oder Metallicmarker Lettering gibt? Prinzipiell kannst du ein (Hand) Lettering, das du rein mit dem Filzstift machst, auch so nennen, aber dann hätten wir ja noch mehr Begriffe und der Filzstift-Lettering-Begriff bringt uns gar keinen Mehrwert.

Warum also hat der Brushpen einen eigenen und so bekannten Begriff bekommen? Das liegt daran, dass du mit dem Brushpen die für das Brush Lettering typischen dicken Ab- und dünnen Aufstriche machst. Meist sind diese Letterings romantisch mit schön geschwungenen Buchstaben gelettert und zusätzlich oft mit Loose Watercolor Aquarellblumen dekoriert. Das ist aber kein Muss, weil es allein um das „Werkzeug“ – den Brushpen – geht und in Kapitel „Brush Hour“ (Tag 22) zeige ich dir eine coole, moderne Brush-Lettering-Variante.

Auf dieser Seite siehst du ganz unterschiedliche Brush Letterings – deiner Fantasie sind also keine Grenzen gesetzt!

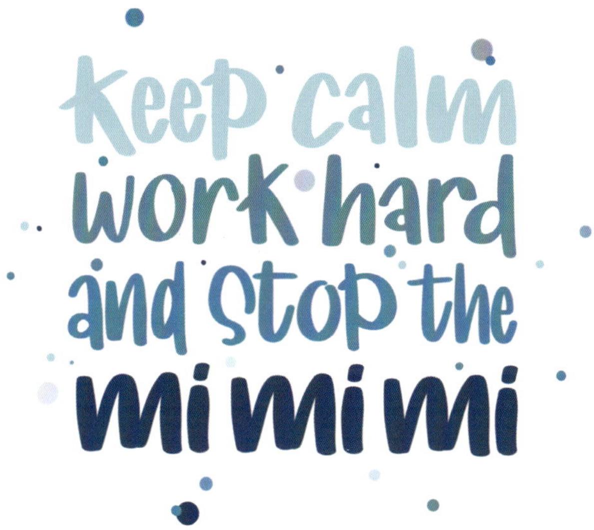

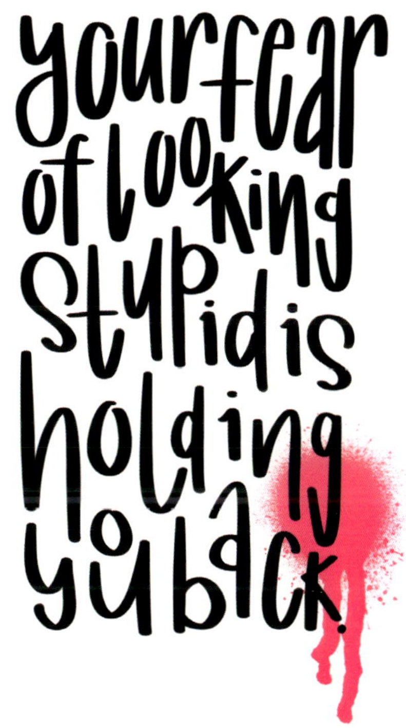

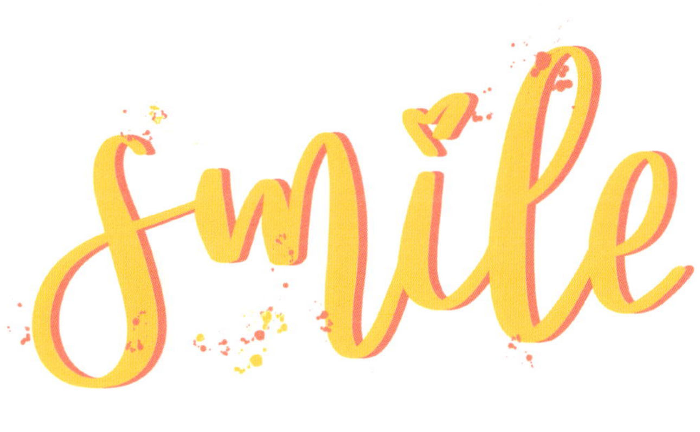

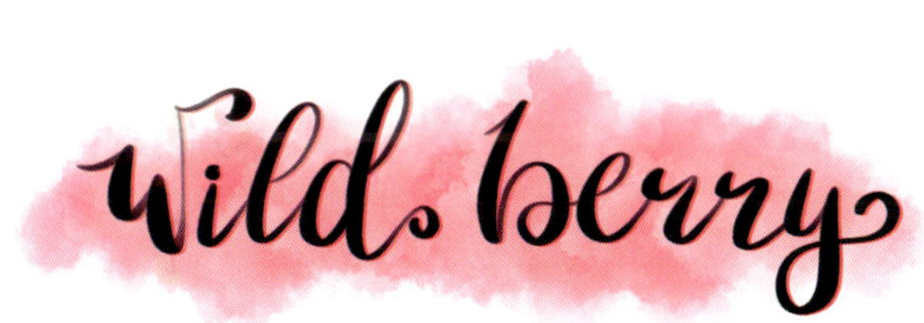

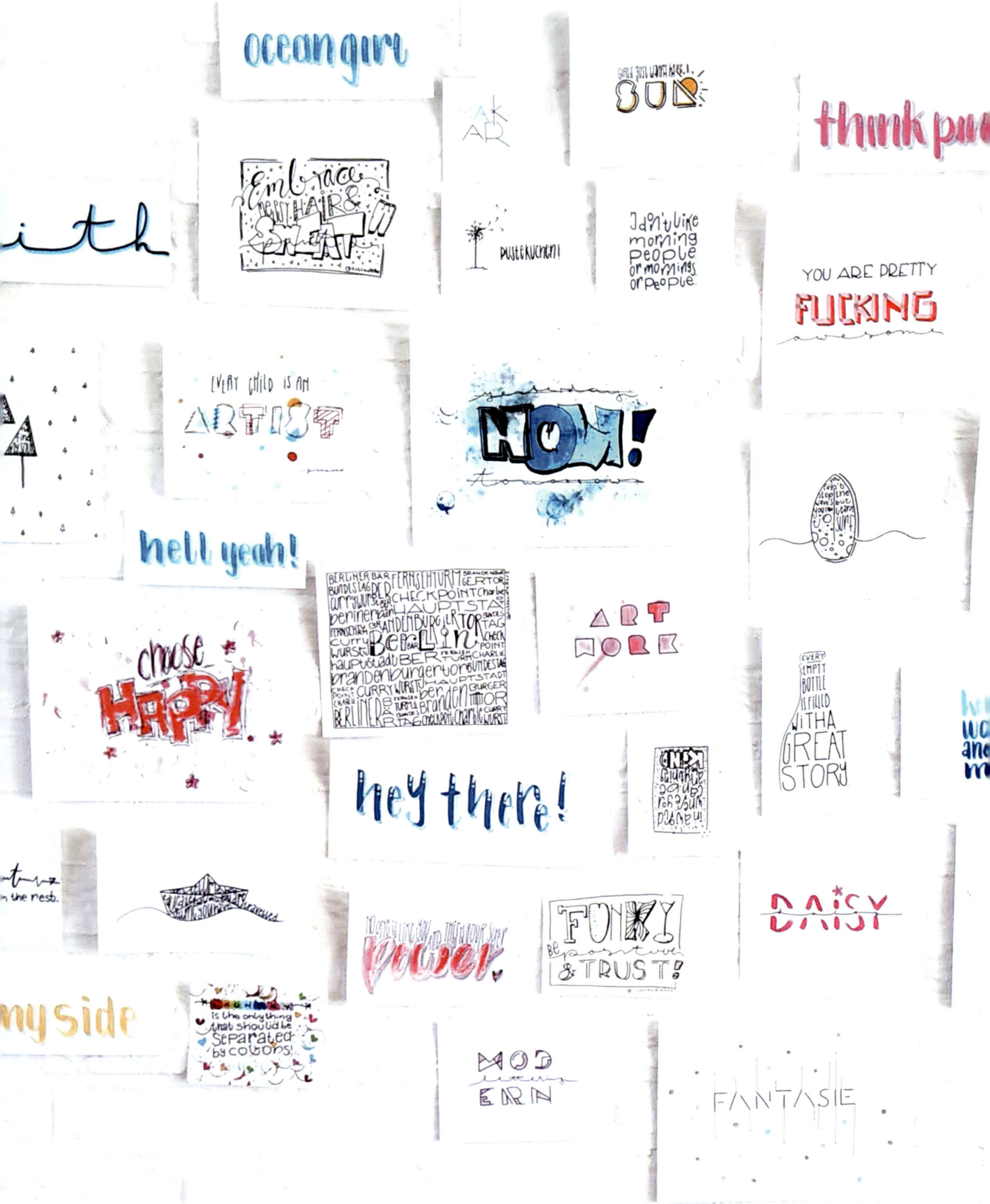
ocean girl
think pu
Embrace messy hair & sweat!!
pustekuchen!
I don't like morning people or mornings or people
YOU ARE PRETTY
FUCKING
awesome
EVERY CHILD IS AN
ARTIST
yesterday
NOW!
tomorrow
hell yeah!
choose
HAPPY
ART
WORK
EVERY EMPTY BOTTLE IS FILLED WITH A GREAT STORY
hey there!
DAISY
FUNKY
Be positive
& TRUST!
power
my side
is the only thing that should be separated by colors!
MOD
lettering
ERN
FANTASIE

LICHTANDLETTERS LETTERING

Weil das hier ein Lichtandletters-Buch ist, müssen wir zum Schluss natürlich noch über Lichtandletters Lettering sprechen, didumm didumm … (Übrigens darfst DU auch ohne Buch deine Lettering-Kunst nach deinem Namen benennen oder deine ganz eigene Lettering Art kreieren. Ich finde ja immer noch Lipstick Lettering eine großartige Idee!)

Lichtandletters Lettering ist Modern Hand Lettering, also Non Grandma Style Lettering in cool, hip & kreativ, mit einem Mix aus verschiedenen Lettering-Stilen und handgezeichneten Limited Edition Letters. Meine Letterings und jede Menge Modern-Lettering-Inspiration findest du auch auf Facebook und meinem Instagram-Kanal.

Wir könnten uns jetzt natürlich noch tiefer in die bunte Lettering-Begriffswelt vertiefen (oder doch lieber das mit dem Lipstick Lettering ausprobieren?), aber lass uns stattdessen endlich die Stifte rausholen und mit dem Lettering beginnen. Und dafür brauchst du dir wirklich nur zu merken, dass Lettering „Buchstabenmachen mit der Hand" ist und es eine Vielzahl toller Stifte dafür gibt. Und dass es ungemein viel Freude macht!

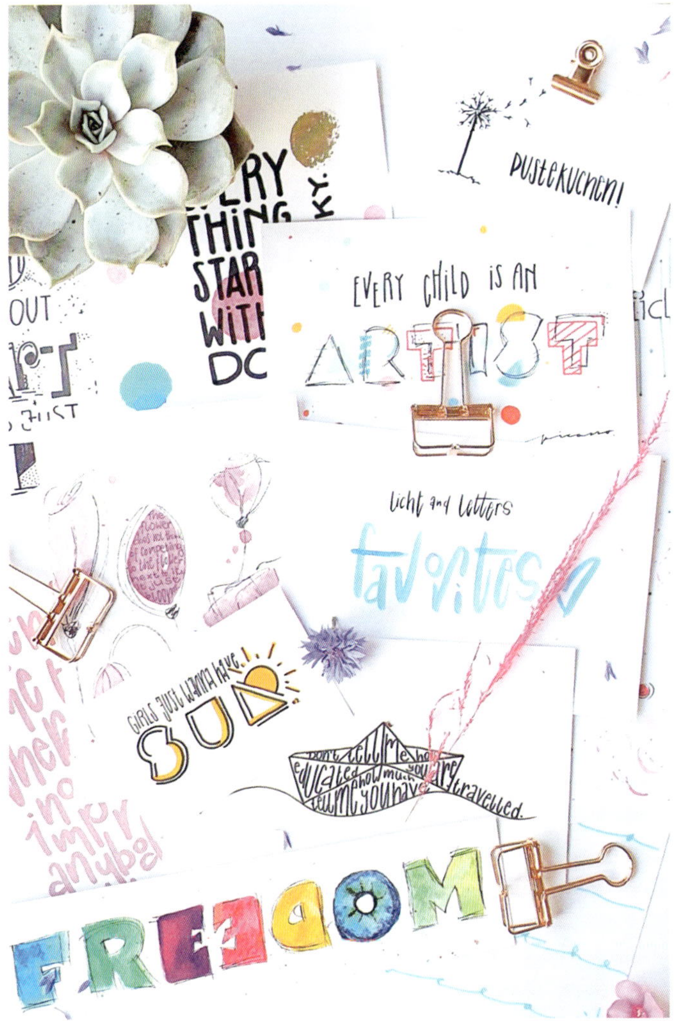

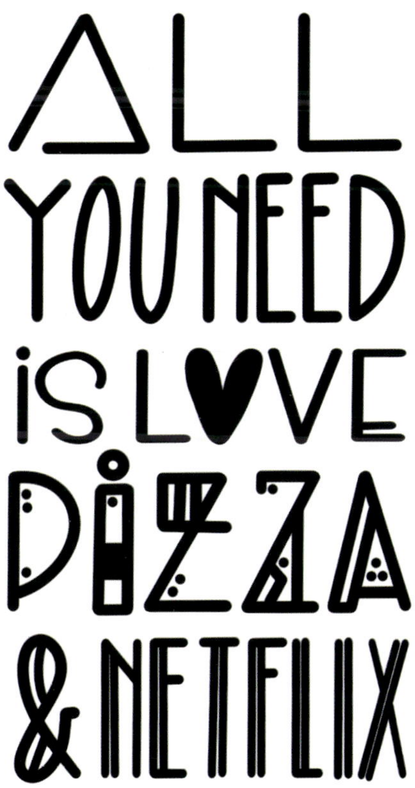

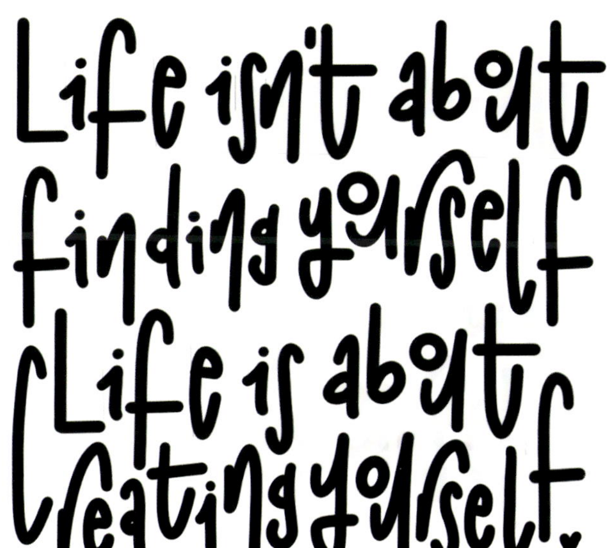

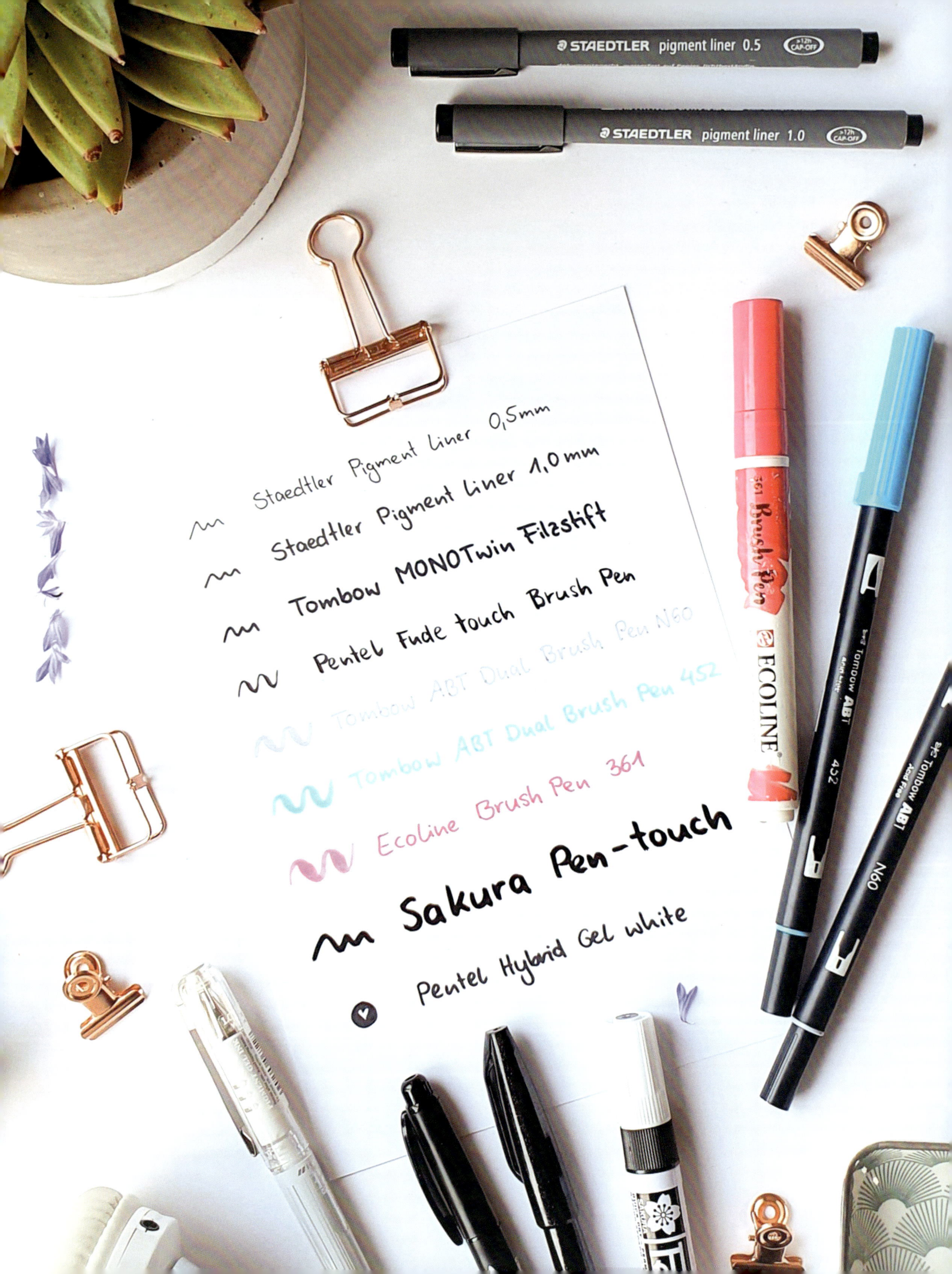
STAEDTLER pigment liner 0.5
STAEDTLER pigment liner 1.0
Staedtler Pigment liner 0,5mm
Staedtler Pigment liner 1,0mm
Tombow MONOTwin Filzstift
Pentel Fude touch Brush Pen
Tombow ABT Dual Brush Pen N60
Tombow ABT Dual Brush Pen 452
Ecoline Brush Pen 361
Sakura Pen-touch
Pentel Hybrid Gel white
361 Brush Pen
ECOLINE
Tombow ABT
452
N60

Material

SO LET'S DO SOME LETTERING-SHOPPING, HONEY!

Wie bei jedem Handwerk (und wir sprechen hier beim Lettering ja von einem wortwörtlichen „Hand"werk) ist die Auswahl des richtigen Materials wichtig, denn mit den richtigen Lettering-Stiften und dem passenden Papier ist es nicht nur einfacher, sondern macht auch viel mehr Spaß (und süchtig).

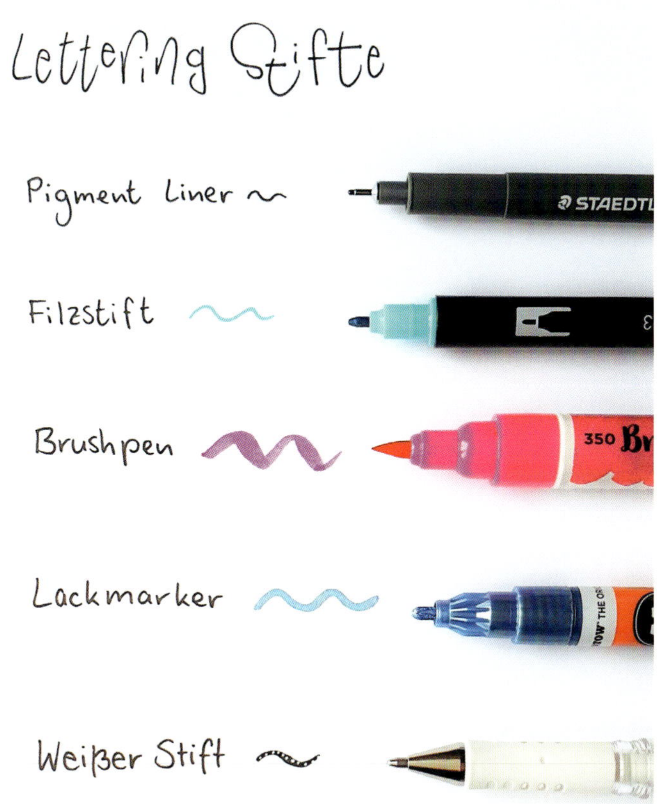

Lettern kannst du immer und überall (außer vielleicht bei Windstärke 10 aufm Segelboot) und alles, was du brauchst, sind ein Stift und irgendwelches Papier. Warum? Weil es beim Hand Lettering ums Buchstabengestalten geht und das geht mit einem x-beliebigen Stift und Papier, z. B. mit Bleistift und einem einfachen Notizblock. So zu beginnen wäre sogar richtig gut, denn zum einen gewöhnst du dir gleich an, einen Bleistift zu benutzen #mehrmutzumbleistift und fröhlich vor dich hin zu kritzeln. Zum anderen lässt du damit deiner Kreativität freien Lauf, letterst einfach drauflos und probierst dich aus!

Aber immer nur mit Bleistift auf einem schnöden Notizblock (mit Werbedruck des örtlichen Klempners womöglich noch) zu lettern wäre ja, wie jeden Tag nur Nutella-Brötchen zu essen (okay, manche machen das ..., aber du weißt, was ich meine, right?) und außerdem würde dir dann jede Menge große Lettering-Freude entgehen.

Die Auswahl an Lettering-Material ist mittlerweile riesig und es ist wichtig, dass du dich nicht verrückt machst deswegen, planlos losziehst und Unmengen an Geld ausgibst für die tollsten Brushpens & Lettering-Stifte. Dann fängst du an, die ersten Worte zu lettern und alles sieht überhaupt nicht so aus wie auf den ganzen Instagram-Posts und Pinterest-Pins. Hmmppf. Zu allem Übel schreibt der sauteure Brushpen nach dem zweiten Mal echt besch... weil die Pinselspitze sich wie eine zu lange benutzte Zahnbürste ausgefranst hat und du schmeißt frustriert alles in die Ecke. OH NO! Aber so weit muss es gar nicht erst kommen, denn ich sage dir jetzt, was du wirklich brauchst, und zwar nicht nur für unseren 30-Tage-Workshop hier, sondern welches Material ich dir generell für einen rundum glücklich machenden Start ins Hand Lettering empfehle. Happy you, happy me, happy Lettering!

STIFTE

Beginnen wir mit den Lettering-Stiften. Neben einem Bleistift und einem guten Radiergummi, gibt es für das Modern Hand Lettering 5 wichtige Stifte-Arten:

1. Pigmentliner:

Pigmentliner sind die Ferraris unter den Finelinern. Sie verschmieren nicht, sind wasserfest und bleichen nicht aus. Genau wie Fineliner gibt es sie in Tausenden Farben, in verschiedensten Strichstärken ab 0,05 mm (Millimeter!! Das ist sehr, sehr dünn!), sie sind günstig, halten lange und sind quasi unkaputtbar.

2. Filzstifte & Fasermaler

Genau wie Fineliner gibt es sie in allen möglichen Farben, sie halten lang und sind preisgünstig. Für das Lettering sind sie immer dann geeignet, wenn du dickere Linien brauchst. Aber Achtung: Verschmiergefahr! Und: Filzstifte auf Wasserbasis lassen sich nicht mit Brushpens kombinieren!

3. Brushpens

Brushpens haben eine flexible Pinselspitze aus Filz oder Nylon, die es dir ermöglicht, wie mit einem Pinsel zu schreiben, nur einfacher, weil die Farbe schon im Stift ist und die Spitze nicht aus einzelnen Pinselhaaren besteht. (Brushpens mit einzelnen Pinselhaaren gibt es auch, das sind sogar die echten Brushpens, unsere hier heißen eigentlich Brushpen Marker, aber der Einfachheit halber nennen wir sie auch Brushpens.) Man unterscheidet Brushpens nach der Größe ihrer Pinselspitze von klein, mittel bis groß. Für den Anfang empfehle ich dir einen Brushpen mit kleiner oder mittlerer Spitze.

4. Lack- & Dekomarker

Lack- und Dekomarker halten auf fast allen Oberflächen, d. h., du kannst sie nicht nur als Lettering-Stifte, sondern auch super für deine DIY-Projekte verwenden. Wenn die erste Farbe trocken ist, kannst du diese mit der nächsten Farbe komplett überdecken. Aufgrund ihrer Strichstärke (bis 50 mm!) sind sie außerdem für größere Letterings geeignet. Zudem gibt es sie in tollen Metallic-Farben, wie Kupfer, Silber und Gold.

5. Weiße Stifte

Nicht nur auf schwarzem Papier, sondern vor allem auch um Highlights in deinen Letterings zu setzen, sind weiße Stifte ein Muss. Es gibt sie als Gel-Roller oder Dekomarker in verschiedensten Strichstärken.

PAPIER & CO.

Ob Bleistift, Pigmentliner, Filzstift oder Marker, alle Stifte AUSSER die anspruchsvollen Brushpens kannst du problemlos auf normalem Schreib- bzw. Kopierpapier verwenden. Genauso gut geht auch ein einfacher Collegeblock. Pluspunkt ist, wenn er statt blanko punktkarriert ist. Damit verhinderst du, dass deine Letterings am Anfang, wenn du noch nicht so gut geübt bist, krumm und schief werden.

Für die empfindlichen Pinselspitzen der Brushpens brauchst du glattes Papier, wie z. B. das DCP Kopierpapier von Clairefontaine. Außerdem solltest du beim Papier immer auch auf die Grammatur achten. Das normale Schreibpapier hat meistens 80 g/m^2 und du hast bestimmt schon festgestellt, dass gerade dunkle Filzstifte darauf leicht durchdrücken bzw. ausbluten. Ein guter Richtwert sind 150 g/m^2 für ein Lettering in A4-Größe.

Möchtest du mit viel Tinte schreiben oder Wasserfarbe verwenden, dann brauchst du ein Papier, das viel Wasser aufsaugen kann, also ein Aquarellpapier wie z. B. das Tombow Aquarellpapier. Aber Achtung: Aquarellpapiere sind sehr rau und zum Teil grob strukturiert und deswegen nicht für die empfindlichen Brushpens geeignet und auch Pigmentliner laufen darauf immer ein bisschen an den Linienrändern aus.

Trick 17: Alternativ kannst du auch die Rückseite von Aquarellpapieren nehmen, da sie oft weniger rau ist und somit die empfindlichen Pinselstifte schont.

Der goldene Mittelweg zwischen glatt und rau: Mixed Media oder sogenannte Multi-Techniques Papiere wie z. B. das Mixed Media Papier von Cansons. Sie vereinen die guten Saugeigenschaften von Aquarellpapier und sind gleichzeitig relativ glatt.

Möchtest du alle deine Letterings gesammelt in einem schönen Notizbuch haben, ist es wichtig, dass du eines mit Spiralbindung wählst, damit die Seiten beim Lettern plan liegen. Meine Favoriten sind die Skizzenbücher von Pinkpigsketchbook, die es mit Umschlägen aus Seidenpapier in vielen schönen Farben und Formaten gibt.

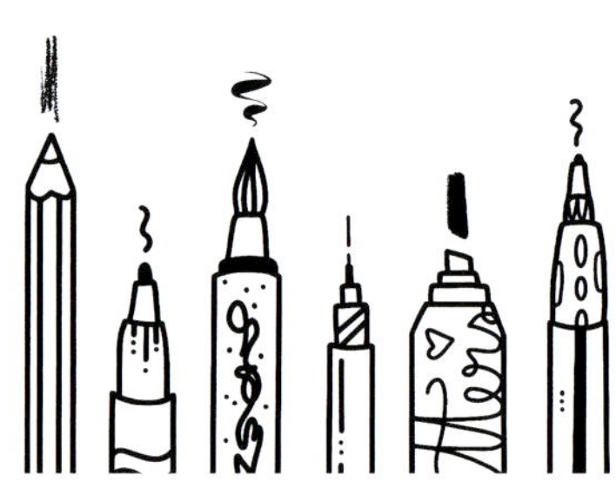

MATERIALEMPFEHLUNGEN FÜR DEINEN 30-TAGE-LETTERING-WORKSHOP

Wenn du bereits Lettering-Stifte wie Pigmentliner, Filzstifte und Brushpens hast, dann wunderbar: du kannst direkt loslegen mit dem was du schon hast. Ansonsten darfst du jetzt mit mir und der folgenden Liste meine Lieblinge und besten Empfehlungen für unseren 30-Tage-Workshop shoppen gehen.

Stifte:

- Pigment Liner von STAEDTLER in Stärke 0,5 mm & 1,0 mm
- Brushpen mit kleiner Spitze PENTEL Fude touch in Schwarz
- Filzstift mit Rundspitze 0,8–1,0 mm in Schwarz (z. B. EDDING 1300)
- Brushpen mit großer Spitze TOMBOW ABT Dual schwarz (N15), grau (z. B. cool gray N60) und mindestens eine weitere Farbe (z. B. hot pink 743, process blue 452 oder willow green 173)
- Permanentmarker von SAKURA Pen-touch 2,0 mm in Schwarz (und wenn du mit dem weltschönsten Gold ever lettern möchtest, musst du dir diesen Stift auch unbedingt in Gold kaufen ...und Kupfer ... und Silber vielleicht auch noch ...)
- weißer Gel-Roller von PENTEL Hybrid Gel Grip 1,0 mm
- Bleistift & guter Radiergummi, z. B. von STAEDTLER (Mars Lumograph HB & Mars plastic Radierer)

Papier:

- glattes Druckerpapier in A4 von CLAIREFONTAINE DCP Kopierpapier 100 g/m²
- Multi-Techniques Papier von CLAIREFONTAINE A5-Block 250 g/m²

Zum Schluss noch ein echter Geheimtipp für dich und neben Stiften und Papier die beste Investition, die du machen kannst: eine Hebelschneidemaschine (z. B. in A5 von FISKARS). Damit kannst du nicht nur dein Papier passgenau zuschneiden, z. B. für Geburtstagskarten oder größere Papierformate kaufen, die häufig günstiger sind, und selbst auf die richtige Größe zuschneiden, sondern auch Letterings nachträglich so zuschneiden, dass etwaige Asymmetrien ganz einfach verschwinden. Win win win also!

Stifte und Lettering-Material kann man fast nie genug haben! Auf meinem Blog lichtandletters.com/blog findest du eine superumfangreiche Übersicht über alle möglichen Lettering-Materialien, Stifte, Papiere und besonderes Zubehör. Damit kannst du jederzeit auf meine stetig wachsende und sehr umfangreiche Sammlung wunderbarer Dinge, die jedes Letterer-Herz höherschlagen lassen, zurückgreifen und auch später immer wieder den ein oder anderen Geheimtipp und wahre Lettering-Schmuckstücke entdecken.

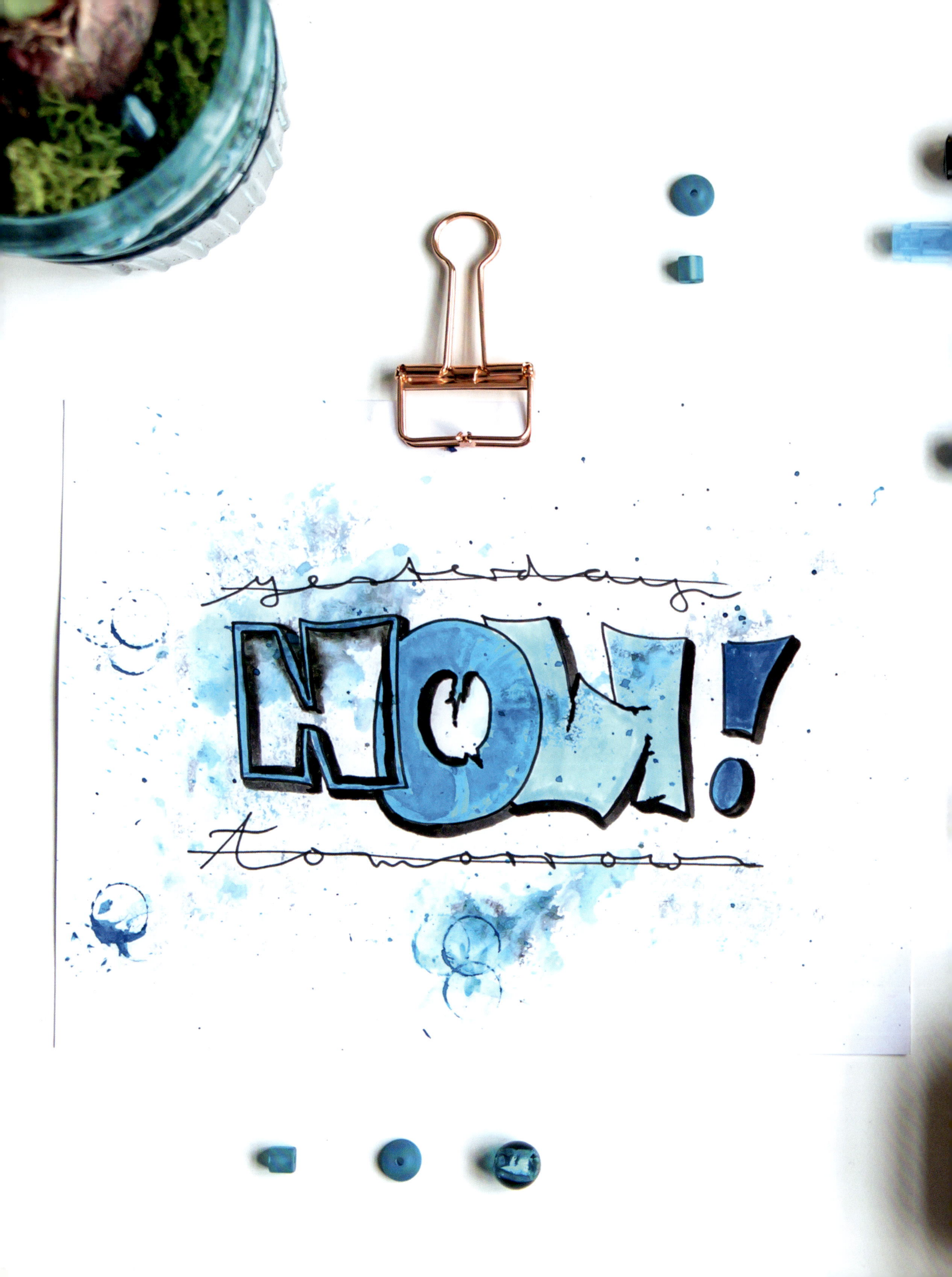
yesterday
NOW!
tomorrow

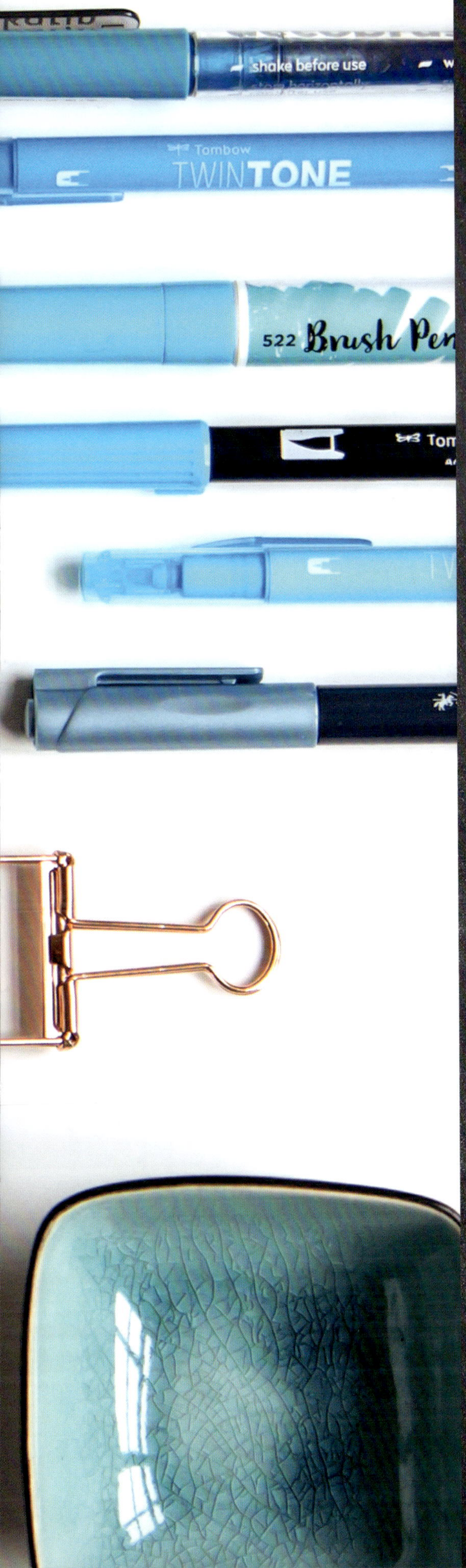

READY?

DANN RAN AN DIE STIFTE UND LET'S LETTER!

Jetzt legen wir richtig los mit deinem 30-Tage-Lettering-Workshop! Und zwar genau mit dem, was du schon kannst, nämlich mit deiner ganz normalen Druck- und Schreibschrift. Gemeinsam schauen wir uns an, wie du ganz easy aus deiner normalen Druckschrift drei neue Lettering-Stile kreierst, lernen, was es eigentlich mit den jahrtausendealten Serifen auf sich hat, machen ein mini-bisschen Geometrie – alles im Dienste des schönen Buchstabenmachens versteht sich! –, schummeln uns mit der Faux Calligraphy die schönsten Brush Letters aufs Papier, ohne einen Brushpen zu benutzen, um kurz danach selbstverständlich auch einen Blick auf die typischen Grundformen des echten Brush Letterings zu werfen, und lassen deine Buchstaben übers Papier schwingen.

Anschließend heißt es „Dress & make up your letters", d. h., wir beschäftigen uns mit Schatten, den smoky eyes für deine Buchstaben, und eröffnen gemeinsam deinen ersten eigenen Muster-Showroom, um deine Buchstaben richtig cool zu dekorieren. Zum Schluss kommt noch ordentlich Farbe ins Spiel und schon haben wir Bergfest: die ersten 15 Lettering-Tage sind geschafft!

Damit haben wir die Grundlagen gelegt, um uns danach intensiv mit sieben komplexeren Lettering-Styles zu beschäftigen. Jeden Tag gibt es ein neues Alphabet und wir lettern gemeinsam einen Spruch im neu gelernten Lettering-Stil. Am Ende deines 30-Tage-Lettering-Workshops warten dann noch drei echte Highlights auf dich und wir erstellen im großen Finale dein erstes eigenes Letter Pattern – eine ganze Blattseite gefüllt mit allen Lettering-Workshop-Stilen.

Damit du direkt loslegen kannst, gibt es jeden Tag eine Ünung als Tagesaufgabe: Pens on!

Let's practice!

Du weißt bereits, welche verschiedenen Lettering-Arten es gibt und welches Material am besten geeignet ist, und jetzt verrate ich dir ein kleines Geheimnis:

WENN DU BUCHSTABEN SCHREIBEN KANNST, KANNST DU AUCH LETTERN!

Jetzt denkst du vielleicht: „Mooooment, Tini, das mit dem Lettern ist gar nicht so einfach und meine Letterings werden überhaupt nicht so wie auf den tollen Fotos von Instagram und Co." Und weißt du was? Jepp, stimmt. Aber ich sag dir auch warum: Weil die allermeisten nämlich mit dem Brush Lettering beginnen und das erfordert auch einiges an Übung. Hast du es schließlich geschafft (und das wirst du – Brush Lettering is not rocket science!) und bringst locker leicht die schönen Schwünge aufs Papier, bist du erst mal happy, und zwar genau so lange bis ... ja bis du merkst, dass dich das bald langweilt, deine Letterings wie alle anderen aussehen und dich das alles in deiner Kreativität und in deinem eigenen Stil total einschränkt.

Hand Lettering ist noch so viel mehr als nur das romantisch geschwungene Lettering mit dem Brushpen (und der ist obendrein völlig zu Unrecht in alle Ewigkeit dazu verdammt, immer nur dafür herzuhalten). Bevor wir uns also samt Brushpen in die „Brush Hour" stürzen, zeige ich dir auf den nächsten Seiten, welche tollen Schriften du basierend auf deiner eigenen Druck- und Schreibschrift designen kannst.

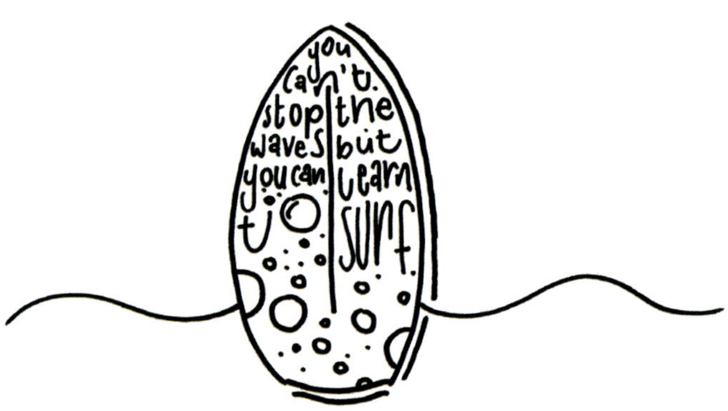

Da gibt es z. B. „Loose Block Letters", also lose Druckbuchstaben, Outline-Buchstaben und Buchstaben, die auf den geometrischen Formen Kreis, Dreieck und Quadrat basieren. Ich zeige dir eine „Schummel-Variante" für Brush Letters, mit denen du sofort den typischen Brush Lettering Look kreieren kannst, ohne überhaupt einen Brushpen zu benutzen, und wir lassen deine Buchstaben auf dem Papier tanzen. Außerdem gehen wir auf Shopping-Tour und kleiden deine Buchstaben mit coolen Mustern ein und sorgen mit tollen Schatten-Effekten für einen großartigen „Buchstaben-Look".

Also ran an die Stifte & lass uns dein Lettering rocken!

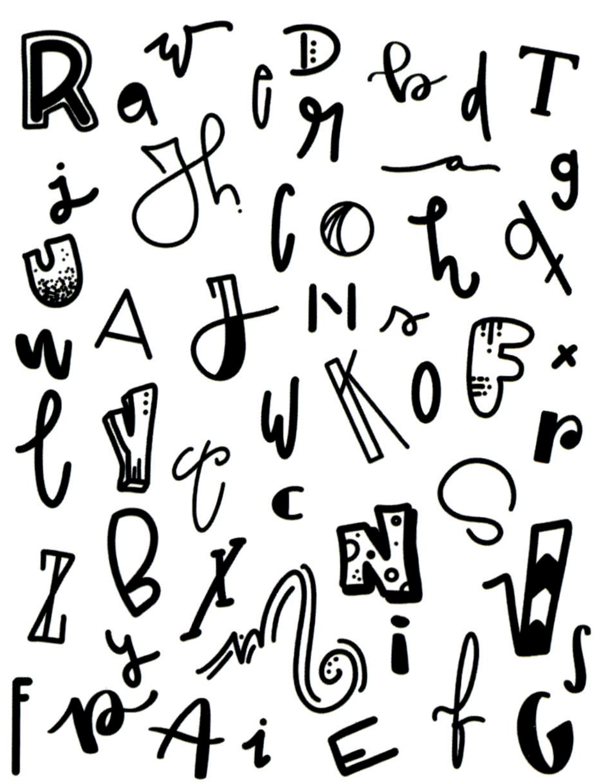

TAG 1

Druckbuchstaben & Schreibschrift

Bloom where you are planted – Blühe dort, wo du gepflanzt wurdest. Beginne mit dem, was du schon kannst, und das ist deine eigene Druck- und Schreibschrift. Das Tolle an den Schriften, die wir uns gleich gemeinsam anschauen, ist, dass du die meisten davon noch nicht mal üben musst, die kannst du sofort! Außerdem kannst du alle diese Schriften später super mit einem klassischen Brush Lettering kombinieren (hej, ja du DARFST auch brushlettern!) und so richtig große Letterings, schöne Sprüche und längere Texte lettern. Zum krönenden Abschluss deines 30-Tage-Workshops werden wir gemeinsam übrigens ein sehr cooles Letter Pattern mit allen deinen neuen Schriften kreieren. Ein Letter Pattern (= Buchstaben-Muster) ist eine Blattseite, die komplett mit Worten in den unterschiedlichsten Schrift- und Lettering-Stilen gefüllt ist und richtig toll ausschaut.

1. Okay, lass uns ganz easy in Tag 1 starten, und zwar mit Holla! Ja genau, mit „Holla, die Waldfee" und die ist übrigens die einzige Waldfee, die ich kenne! Die allererste Aufgabe lautet, dass du einmal in großen Druckbuchstaben und einmal in normaler Groß- und Kleinschreibung „Holla, die Waldfee" schreibst (nimm dazu einen Pigmentliner oder einfach einen Filzstift und ganz normales Papier).

HOLLA HOLLA

2. Konzentriere dich beim Schreiben auf jeden Buchstaben einzeln und achte darauf, dass die Buchstaben etwa die gleiche Höhe haben. Eine dünne Hilfslinie mit Bleistift hilft dir am Anfang dabei, dass deine Worte nicht schräg werden.

Holla la!

3. Schreibe nun das Ganze in deiner normalen Schreibschrift. Schreibe dabei einmal alle drei Worte hintereinander und einmal auf zwei Zeilen verteilt. Wenn du magst, kannst du am Schluss noch drei kleine Tannenbaumsymbole ergänzen und kolorieren.

Holla, die Waldfee!

Dieses Mini-Lettering macht sich übrigens besonders schön auf einem Geschenkanhänger für einen selbst gemachten Tannenspitzenlikör!

PENS ON!

Du hast jetzt vier verschiedene Holla-Varianten – lege sie alle nebeneinander auf den Tisch und schaue sie dir in Ruhe an. Welche ist dein Favorit und warum?

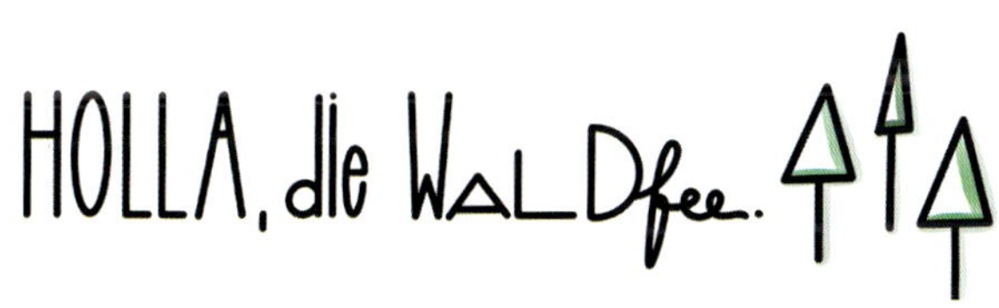

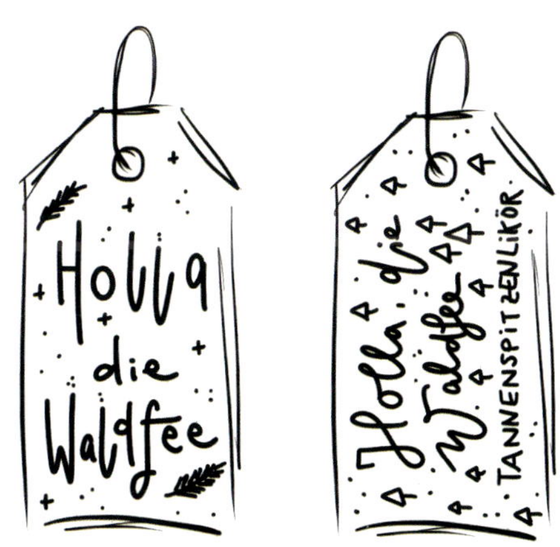

TAG 2

Loose Block Letters - lose Druckbuchstaben

Loose Lettering, klingt erst mal nach einem weiteren mysteriösen Lettering-Begriff, aber keine Sorge! Dahinter steckt eine Technik, die du bestimmt schon mal gesehen hast, wenn du jemandem über die Schulter schaust, der ein Landschaftsbild oder Porträt zeichnet und dazu vorher das Motiv mit lockeren Bleistiftstrichen skizziert. Genau das machen wir uns jetzt zunutze für unsere Loose Block Letters – die losen Druckbuchstaben.

1. Nimm dir dazu zunächst Bleistift und Papier und schreibe das Wort „LEICHT" in großen Druckbuchstaben ganz normal auf dein Blatt (am besten dabei nicht zu doll aufdrücken). Halte nun den Bleistift bewusst ganz locker in der Hand und zeichne alle Buchstabenlinien mit mehreren dünnen Bleistiftstrichen nach. Fahre dabei mit dem Stift immer hin und her, statt immer wieder neu oben anzusetzen, genauso wie wenn du eine Fläche schraffierst.

2. Nimm dir jetzt einen feinen Pigmentliner bzw. Fineliner. Eine Strichstärke von 0,3 mm oder kleiner ist dafür optimal (falls du nur höhere Strichstärken hast, kein Problem, zeichne deine Buchstaben einfach etwas größer als normal, um den gleichen Effekt zu erzielen). Halte deinen Pigmentliner ganz locker in der Hand und wende nun das „lockere Skizzier- bzw. Schraffierprinzip" an. Vermeide auch hier das „zu dolle" Aufdrücken, so erzielst du ganz wunderbare zarte, lose Buchstabenlinien. Am Anfang kannst du die Buchstaben zur Sicherheit auch noch mal mit Bleistift in deiner normalen Druckschrift vorzeichnen.

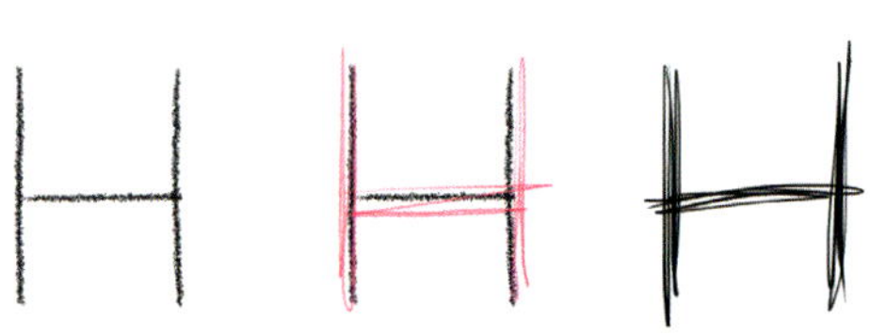

Tipp

Die Technik der Loose Letters brauchen wir später nicht nur für unsere Loose Graffiti Letters, sondern sie ist allgemein superhilfreich, um komplexere Letterings zu skizzieren, dein Lettering zu layouten (siehe Tage 23 bis 26) und eigene Alphabete zu entwickeln!

PENS ON!

Lass uns unseren Workshop-Tag federleicht ausklingen und eine Loose Letter Feder aufs Papier hauchen.

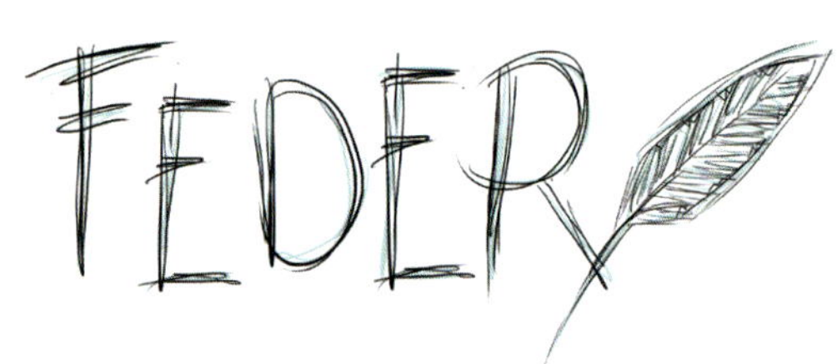

TAG 3

Serifen

Hör mal, wer da hämmert oder besser gesagt „meißelt"! Ursprünglich sind Serifen, die kleinen feinen Striche an den Buchstabenenden, beim Meißeln der Buchstaben in Stein entstanden. Du hast sie bestimmt schon gesehen, z. B. wenn du einen Text auf dem Laptop in „Times New Roman" getippt hast. Serifen sind dabei nicht nur Zierde, sondern kleine Helfer, die es dem Auge beim Lesen leichter machen, gerade bei längeren Texten. Scheinbar unscheinbar kommen sie daher, und obwohl sie eigentlich nur „diese kleinen Strichchen" an den Buchstabenenden sind, gibt es viele verschiedene „Serifenarten".

Da Serifen eine kleine, feine Möglichkeit sind, deinen Buchstaben einen interessanten Look zu geben, zeige ich dir heute eine einfache Serifen-Variante:

1. Schreibe dein Wort mit einem Fineliner oder Filzstift in normalen Druckbuchstaben (es funktioniert genauso für Klein- und Großbuchstaben).

2. Setze kleine feine, waagerechte Striche oben und unten an das Ende deiner Buchstaben, z. B. bei H und I.

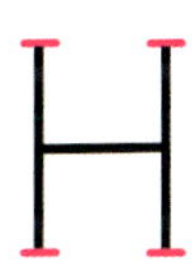

3. Setze kleine feine, senkrechte Striche rechts an das Ende von Querstrichen, wie z. B. bei E und F.

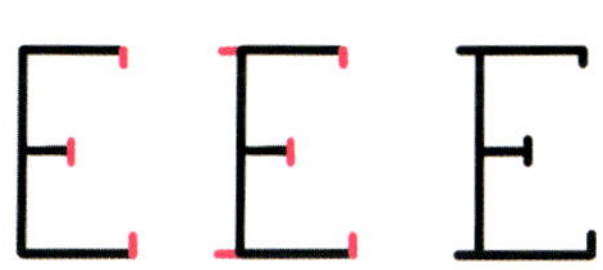

4. Bei runden Formen wie G und S kannst du die Serifenstriche statt waagerecht auch schräg setzen.

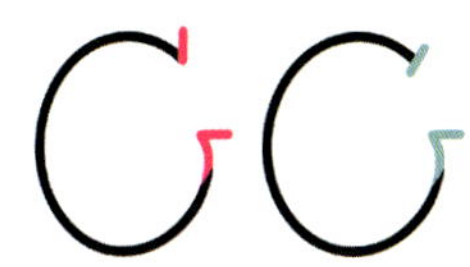

5. Wenn du unsicher bist, tippe die Buchstaben einfach in Word in einer Serifenschrift wie z. B. Times New Roman.

PENS ON!

Da das Wort Serife ursprünglich auf das niederländische „schreef" zurückgeht und so viel wie „Strich" (ohh, Überraschung) bedeutet, lass uns zum Abschluss des Workshop-Tages ein tolles „Strich" in Serifenschrift lettern!

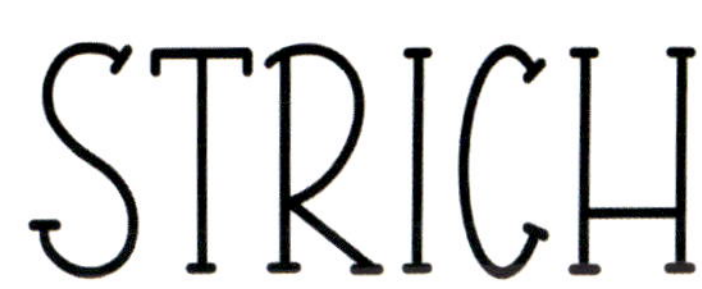

TAG 4

Flächen

„Schatz, wir brauchen was Größeres!“ Heute werden wir das Aussehen deiner Buchstaben verändern, Flächen hinzufügen und außerdem coole 2-D-Buchstaben designen.

1. Schreibe dazu mit einem Pigmentliner oder Filzstift dein Wort in ganz normalen, großen Druckbuchstaben und lass etwa eine Stiftbreite Platz zwischen den Buchstaben.

2. Flache dabei Buchstaben mit Spitzen, wie A, M oder N ab, damit wir unter diese sogenannten „Buchstabenplateaus“ gleich eine schöne Fläche setzen können.

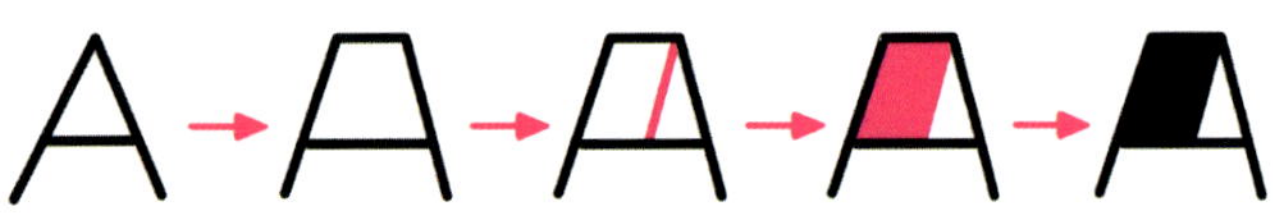

3. Die einfachste Variante, eine Buchstabenfläche zu setzen, ist, einen senkrechten Strich von oben bis zum nächsten Querstrich oder dem unteren Buchstabenrand zu ziehen.

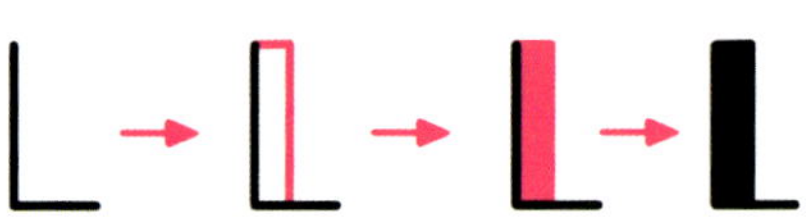

4. Beim G z. B. kannst du alternativ deine Fläche auch rechts unten setzen, beim O & U die Fläche statt durch einen senkrechten Strich durch einen Querstrich bilden und beim A den Strich schräg statt senkrecht ziehen.

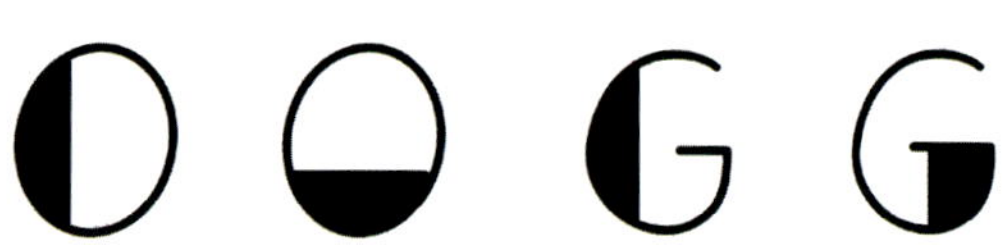

5. Beim Setzen der Flächen sind deiner Fantasie keine Grenzen gesetzt, ob klein oder groß, senkrecht oder waagerecht, gerade oder schräg: achte generell darauf, dass deine (senkrechten) Striche nur bis zum nächsten Querstrich gehen.

6. Fülle die so entstandenen Flächen komplett mit Schwarz aus. Dadurch erzielst du sehr auffällige, kontrastreiche Buchstaben. Ich persönlich finde die Buchstaben monochrom, d. h. Linien und Flächen in nur einer Farbe, am schönsten. Deiner Kreativität sind aber keine Grenzen gesetzt, probiere ruhig verschiedene Farbvarianten mit zwei oder mehr Farben aus.

Tipp

Das „Flächen-System“ funktioniert übrigens ganz genauso für kleine Druckbuchstaben. Ich habe mein eigenes „Flächenbuchstaben“-Alphabet mit Klein- & Großbuchstaben namens „GLAMOUR“ entwickelt, das du samt Übungswörtern und Lettering-Vorlagen zum Ausdrucken in meinem Lettering Shop unter lichtandletters.com/shop bekommst.

PENS ON!

Oh ... wait ... haben wir nicht noch die Tagesaufgabe vergessen? Riiichtig! Also los, dann lass uns heute einfach das Wort „GLAMOUR“ in schönen Flächenbuchstaben lettern!

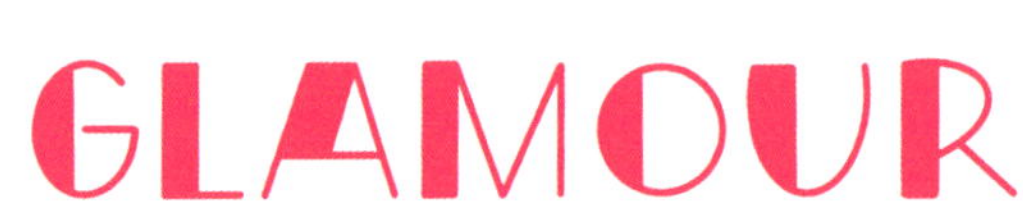

TAG 5

Outline-Buchstaben

Outline-Buchstaben (= Umriss, Kontur) sind ein Muss für jeden Handletterer! Sie sind Grundlage für viele verschiedene Lettering-Schriftvarianten, wie z. B. die Graffiti-Schrift. Außerdem kannst du sie vielfältig einsetzen, ihr „Innenleben" ausgiebig gestalten, coole Schatten setzen und sie immer wieder neu kombinieren.

1. Zeichne dein Wort mit Bleistift (im Bild pink) zuerst in normalen großen Druckbuchstaben vor und lasse etwa 1,5 Stiftbreiten Platz zwischen den einzelnen Buchstaben.

2. Erzeuge dann die Outline, indem du außen einmal komplett mit dem Fineliner oder Filzstift herumfährst.

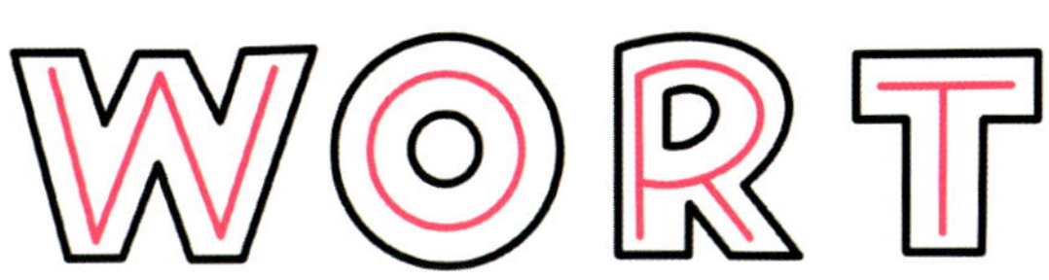

3. Zum Schluss radierst du den Bleistift-Buchstaben innen einfach weg (Achtung: lass die Farbe der Outline kurz trocknen, damit beim Radieren nichts verschmiert!).

4. Wenn du etwas geübter bist, kannst du auch direkt die Kontur zeichnen – entweder zuerst mit Bleistift und dann mit Schwarz bzw. Farbe darüber oder gleich mit dem schwarzen/farbigen Stift.

5. Outline-Buchstaben wirken blanko für sich, sie lassen sich aber auch prima mit Mustern aller Art ausfüllen (mehr dazu an Tag 12).

6. Etwas schwieriger sind kleine Outline-Buchstaben. Hier empfehle ich dir auf alle Fälle das Vorzeichnen mit Bleistift, bis du sicher Outline-Buchstaben zeichnen kannst.

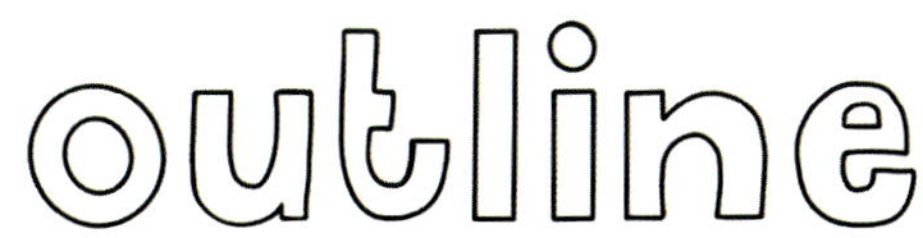

7. Falls du schon sicher mit den Outline-Buchstaben bist, kannst du sie auch mit Serifen versehen oder sie überlappend zeichnen, statt Platz zwischen den einzelnen Buchstaben zu lassen.

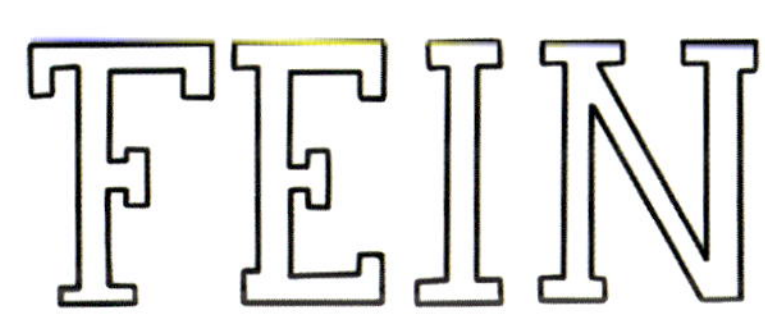

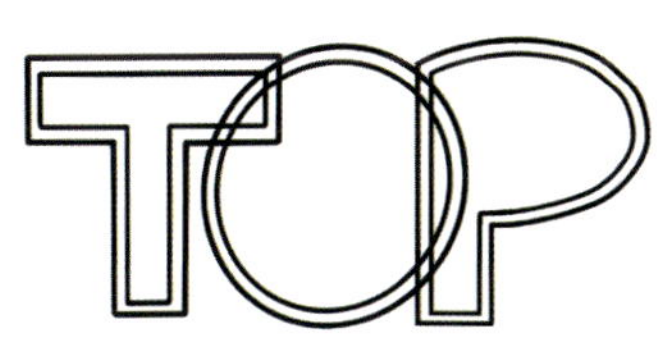

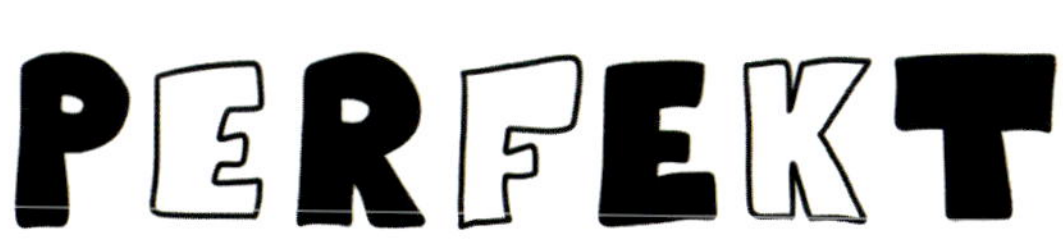

PENS ON!

Ich finde es übrigens ganz schön, wenn deine Outline-Buchstaben nicht ganz perfekt und gerade sind – das verstärkt den „von Hand gezeichnet"-Effekt und ist je nach Intention deines Letterings ein gutes Stilmittel. Was könnte also besser passen als ein nicht ganz perfektes „PERFEKT" in Outline-Buchstaben lettern als Tagesaufgabe? Nix. Eben!

TAG 6

Geometrische Buchstaben

Lust auf ein bisschen Geometrie? Falls du gerade denkst „Oh no, bloß nicht Mathe & Geodreieck bitte!“, kann ich dich beruhigen, wir bleiben im Kosmos der schönen Buchstaben! Aus der Mathematik borgen wir uns lediglich die drei geometrischen Grundformen Kreis, Dreieck & Quadrat bzw. Viereck und designen daraus eine ungewöhnliche Druckbuchstaben-Variante.

1. Um diese Buchstaben zu erzeugen, gehst du immer von der Grundfläche aus, also Kreis, Dreieck oder Viereck, und versuchst so wenig wie möglich von der Grundform „wegzunehmen“ und dabei gleichzeitig das typische Aussehen des Buchstabens zu erzeugen.

2. Im Prinzip zeichnest du deine Buchstaben in „geschlossener“ Outline-Schrift, d. h., deine Buchstaben sollten so wenig Zwischenräume wie möglich haben. Außerdem lässt du alle inneren Öffnungen wie z. B. beim A oder O einfach ganz weg, die Zwischenräume beim E, L, M usw. minimierst du so weit wie möglich. Klingt erst mal kompliziert, ist es aber gar nicht! Ich zeige dir ein paar Beispiele und dann hast du das Prinzip verstanden und kannst deine eigenen geometrischen Buchstabenformen gestalten.

3. Kreisbuchstaben bzw. runde Buchstaben sind: B, C, D, G, O, P, Q, R, S & U. Lasse alle Zwischenräume weg und schließe offene Buchstaben wie C, G, S & U. Ziehe die Bögen von P & R sehr tief und setze beim R nur einen kurzen Schrägstrich.

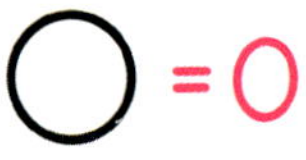

4. Dreiecksbuchstaben sind: A, N & V. Einfach sind A & V – das sind einfach normale Dreiecke. Das N ist entweder nur das linke rechtwinklige Dreieck oder du designst es als Viereckbuchstabe, bei dem du oben einen kleinen Keil „herausschneidest“.

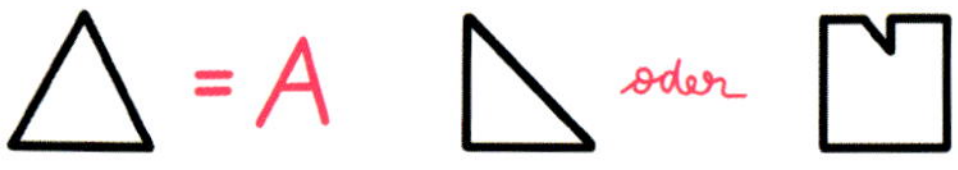

5. Vierecksbuchstaben sind: E, F, H, I, K, L, M, T, W, X & Z. Starte mit einem Viereck bzw. Quadrat und „schneide“ nur ganz kleine Öffnungen in die Buchstaben. Bei E, F, H, L & T sind die Öffnungen gerade, bei K, M, W, X & Z kleine Dreieckskeile.

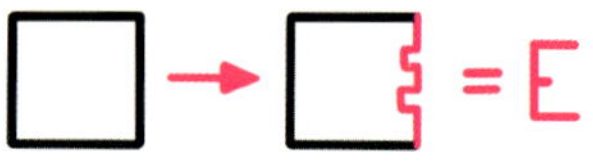

6. Mix: J – es besteht aus einem Rechteck und einem Halbkreis wie im Bild.

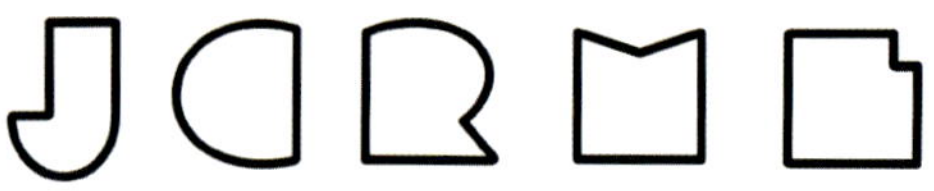

Tipp

Ein komplettes geometrisches Alphabet mit Klein- und Großbuchstaben und zusätzlichen „Inside Out“-Schattenlinien samt Übungswörtern und Druckvorlagen zum Ausdrucken findest du auch in meinem Lettering Shop unter lichtandletters.com/shop.

PENS ON!

Alles easy? Dann lass uns heute noch ganz leicht ein geometrisches „EASY“ lettern.

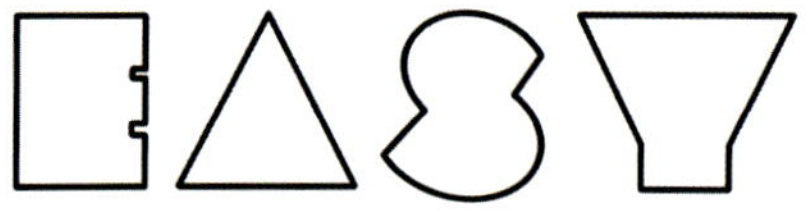

TAG 7

Faux Calligraphy

Fake it until you make it – das ist das Motto bei der sogenannten falschen Kalligrafie. Du brauchst weder Brushpen, noch musst du wochenlang die Grundformen von Brushpen-Buchstaben üben, um den Look der schön geschwungenen Brush-Lettering-Buchstaben zu erzeugen.

1. Schreibe dein Wort mit einem Pigmentliner in deiner ganz normalen Handschrift, später kannst du auch eine andere Variante wie z. B. die Swing-Schrift aus dem nächsten Kapitel wählen.

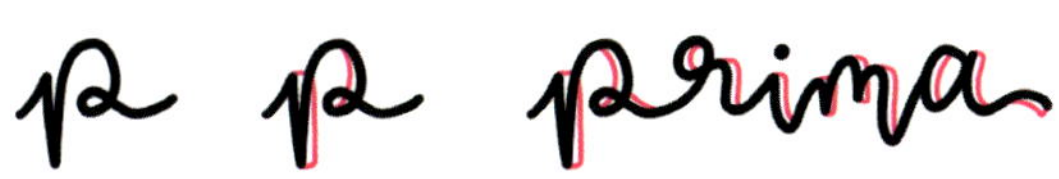

2. Verdopple nun alle Abstriche durch eine zweite Linie – es ist nicht so wichtig, ob du die zweite Linie innen oder außen von der Originallinie ziehst, je nachdem, wo es besser passt.

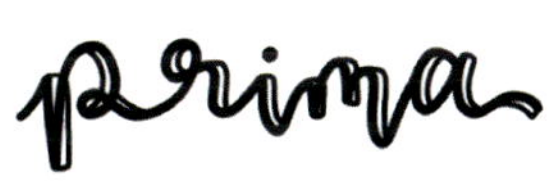

3. Fülle die so entstandenen Flächen komplett aus.

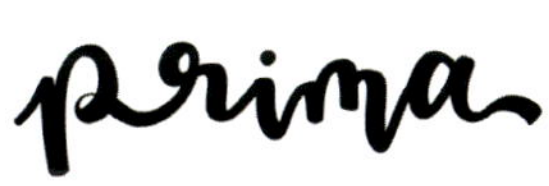

Tipp

Du kannst die Flächen übrigens statt komplett auch mit kleinen Punkten oder z. B. nur zur Hälfte füllen, um eine andere Wirkung zu erzielen - probiere es einfach mal aus und schaue, was dir am besten gefällt!

4. Dein Wort sieht nun so aus, als ob du es direkt mit einem Brushpen geschrieben hättest, da du beim echten Brushpen Lettering bei jedem Abstrich Druck auf den Brushpen ausübst und die Linien so automatisch dicker werden.

Wenn wir es ganz genau nehmen, schummeln wir bei der Faux Calligraphy übrigens gleich zweimal. Einmal durch die Verdopplung der Abstriche, um den Brushpen Effekt zu simulieren. Das andere Mal, wenn wir das Wort in einem Zug schreiben. Du erinnerst dich bestimmt an das Kapitel mit den Lettering Begriffen – dort habe ich dir erklärt, dass es beim Lettern nicht ums Schönschreiben geht, sondern vielmehr darum jeden Buchstaben einzeln zu gestalten. Wir schreiben das Wort bei der Faux Calligraphy zwar in einem Zug, kümmern uns danach aber ja um jeden Buchstaben einzeln und verdoppeln da die Abstriche. Insofern passt es dann ja doch wieder mit dem Lettering, puh!

PENS ON!

Bevor du also die schönen dicken Abstriche und dünnen Aufstriche mit dem Brushpen für das klassische Brush Lettering mühelos beherrschst, kannst du dir mit der falschen Kalligrafie jetzt ganz wunderbar behelfen. Lass uns heute mit einem kleinen Augenzwinkern doch einfach „alles echt" in Faux Calligraphy lettern!

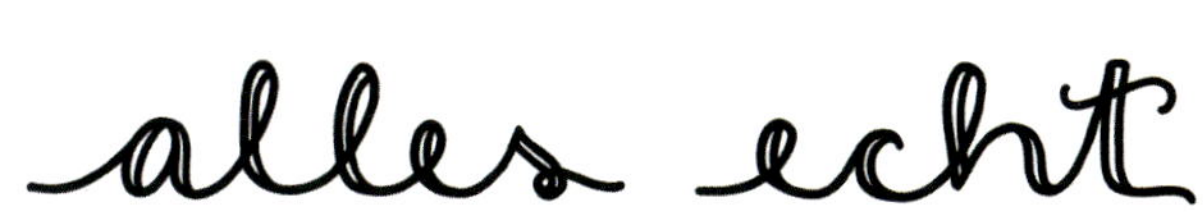

TAG 8

Swing

Swing, swing – jetzt lassen wir deine Buchstaben schwungvoll übers Papier tanzen.

1. Zuerst schauen wir uns Buchstaben an, die für ein schwungvolles Lettering besonders gut geeignet sind, und üben diese separat: Gute Schwungbuchstaben sind solche, die in deiner normalen Schreibschrift von Natur aus schon Bögen haben, also z. B. b, g, h, j, k, l, m, n, s, v, w & y.

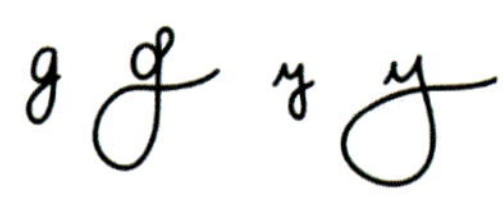

2. Mache bei diesen Buchstaben extragroße Bögen und lass die Enden „ausschwingen".

3. Ergänze kleine Extrabögen z. B. beim g, o & v.

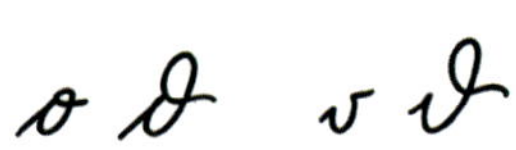

4. Bei großen Anfangsbuchstaben bietet es sich meistens an, die kleine Schreibschriftvariante als Großbuchstaben zu wählen oder einen Extrabogen zu ergänzen.

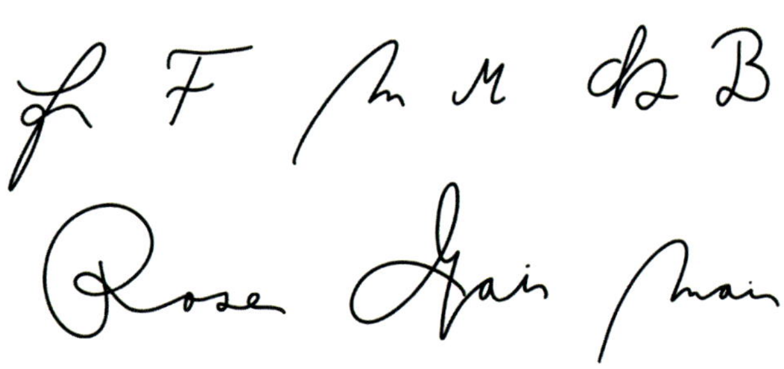

5. Um den Schwungeffekt zu verstärken, ziehe manche Buchstaben wie z. B. s & w bewusst über die Grundlinie hinaus (wie bei „schwungvoll"), so fangen deine Buchstaben an zu „bouncen" (= hüpfen) bzw. zu tanzen und du hast ganz nebenbei dein erstes Bounce Lettering erstellt.

6. Du kannst den Bogen eines großen Anfangsbuchstaben auch über das ganze Wort ziehen und die anderen Buchstaben daruntersetzen wie bei „Feier" im Bild.

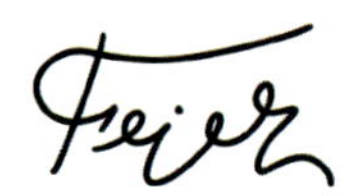

7. Schreibe am Anfang das Wort in einem Zug und versuche zunächst die Bögen von Schwungbuchstaben extragroß zu machen.

8. Als Nächstes kannst du den Schwungeffekt durch das „Bouncen" (= auf- und abhüpfen) rund um die Grundlinie verstärken.

9. Wenn du dich damit sicher fühlst, probiere jeden Buchstaben einzeln zu schreiben und, wo es sich anbietet, kleine Bögen zu ergänzen oder extragroße Bögen zu ziehen.

10. Solltest du lieber weiter „am Stück" swingen wollen, dann bleib dabei, Hauptsache, deine Buchstaben kommen in Schwung.

Tipp

Swing Buchstaben lassen sich übrigens super mit schlichten Druckbuchstaben kombinieren!

PENS ON!

Lass uns diesen Workshop-Tag mit einem schön geschwungenen „schwungvoll" ausklingen.

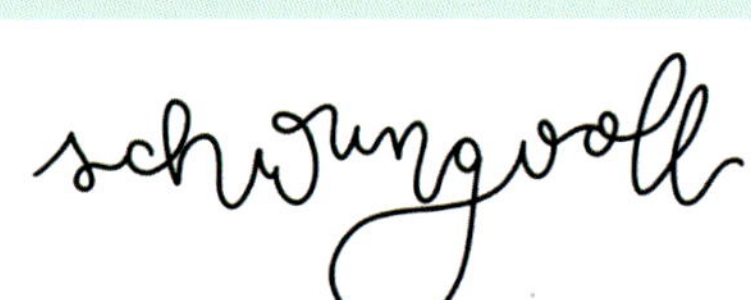

TAG 9

Brush Lettering Grundlagen

Hooray, es ist Brush Hour und das heißt, dass es an Tag 9 endlich so weit ist und wir uns dem Brush Lettering, also dem Lettern mit dem Brushpen widmen. Ich muss dich allerdings gleich ein bisschen enttäuschen, denn Brush Lettering lernst du nicht an einem Tag und du musst zuerst die Grundformen üben. Sitzen diese, kannst du daraus jeden Buchstaben „zusammenbauen" und ja, wieder üben üben üben. Dann geht es an die Konnektoren, d. h., wie du verschiedene Buchstaben miteinander verbindest. Und jepp, wieder üben. Wichtig ist, dass du immer jeden Buchstaben einzeln zeichnest, später wird es dank Konnektoren (und Übung) aber locker leicht aussehen. Das Geheimnis von Brush Lettering ist übrigens, dass sich dank der flexiblen Pinselspitze des Stifts die Strichstärke verändert, je nachdem, wie viel Druck du auf sie ausübst.

1. Nimm einmal einen normalen Stift, z. B. einen Kuli, in die Hand und schreibe bewusst langsam ein Wort. Du wirst feststellen, dass du ganz automatisch beim Abstrich etwas mehr aufdrückst als beim Aufstrich.

2. Das Gleiche machen wir jetzt mit dem Brushpen: eine Reihe Aufstriche ohne bzw. mit nur ganz wenig Druck und danach eine Reihe Abstriche – mit wenig Druck beginnen, dann Druck reingeben und nach ca. 2/3 der (Buchstaben-) Linie wieder Druck rausnehmen.

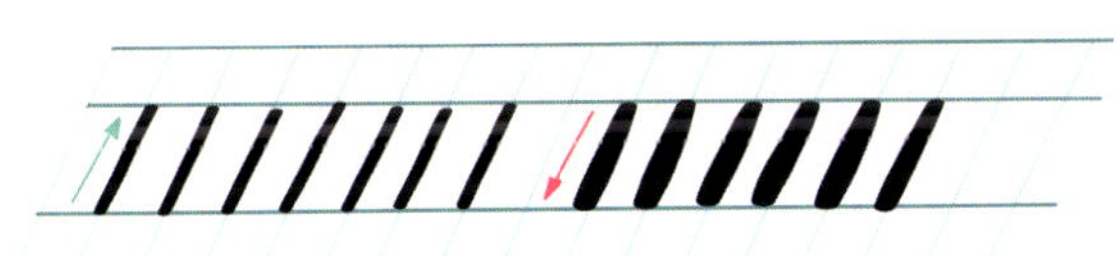

3. Nun üben wir die Grundformen:

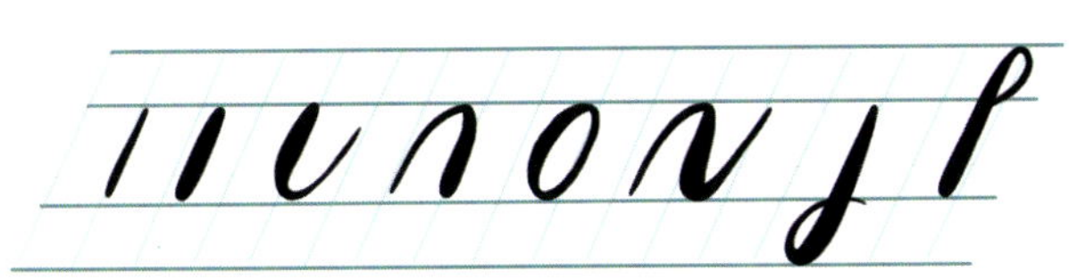

4. Daraus können wir nun jede Buchstabenform zusammenbauen:

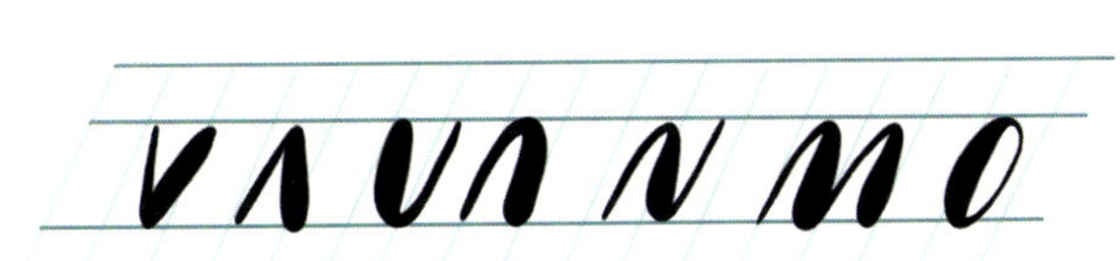

Tipp

In Kapitel „Brush Hour" (Tag 22) findest du ein besonderes Brush Lettering Alphabet. Es ist nicht so romantisch geschwungen, sondern moderner und geradliniger und vor allem viel schneller zu lernen als das klassische Brushlettering Alphabet, macht aber trotzdem genauso viel Spaß!

PENS ON!

Das Workshop-Wort des Tages ist natürlich – wie könnte es anders sein – brush hour! Schreibe dazu jeden Buchstaben einzeln mittels unserer Grundformen und verbinde sie mit dünnen Aufstrichen ohne Druck. Falls du schon etwas Brush-Lettering-Erfahrung hast, kannst du „brush hour" dynamisch in geschwungenen, verbundenen Brush Letters schreiben.
Tipp: Lege das Papier beim Lettern leicht schräg nach links und setze deinen Brushpen für den Abstrich auf ca. 11 Uhr an.

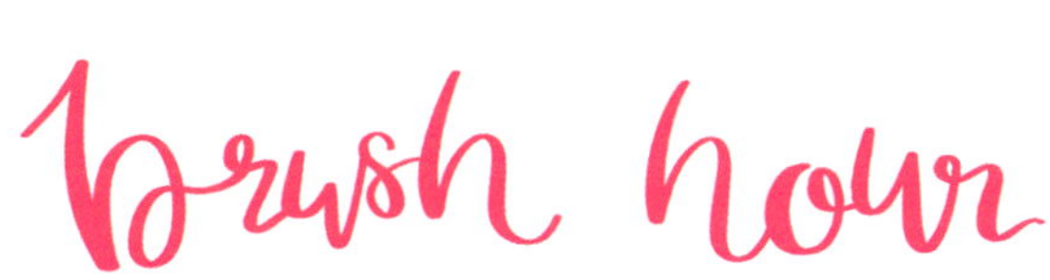

TAG 10

Schatten-Theorie

Ich nenne Schatten liebevoll die „smokey eyes“ für deine Buchstaben und sie sind ein echter Hingucker. Genau wie bei den echten smokey eyes kommt es auch hier auf die richtige Technik an.

1. Entscheide dich am Anfang einmal für die Schattenseite und bleibe dabei (ich nehme bis auf eine Ausnahme immer unten und rechts für meine Schatten).

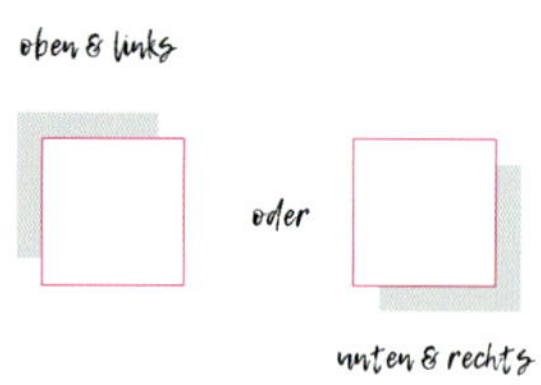

2. Wähle zwischen offen, halboffen und durchgängig und bleibe innerhalb eines Wortes dabei.

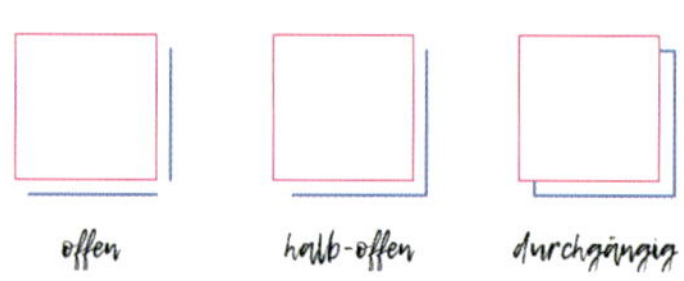

3. Vermeide dabei die 3 typischen Schatten-Fehler: zu lang, zu kurz, zu weit innen.

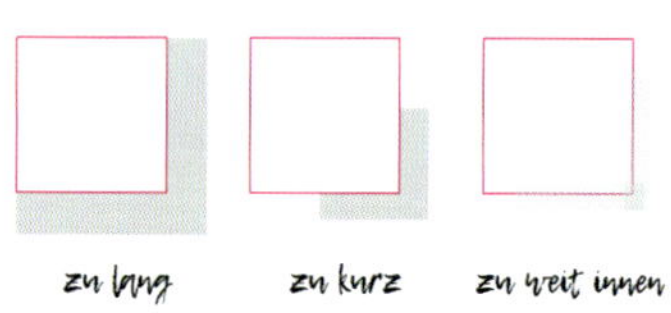

4. Wähle eine Füllung für deinen Schatten wie Pünktchen, Schraffuren oder voll gefüllt. Wähle die passende Schattenart für das Statement bzw. die Bedeutung deines Letterings.

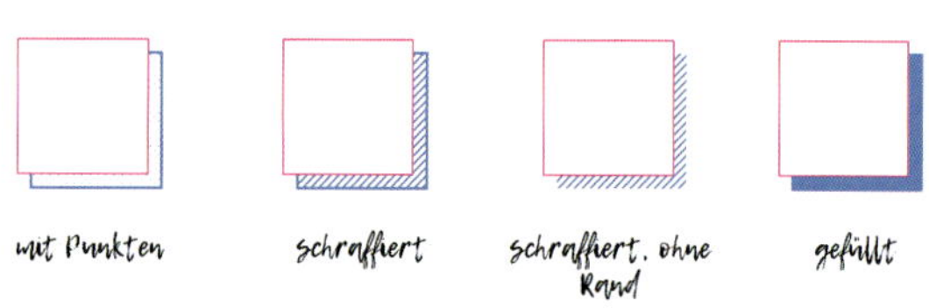

Think outside the box – was für Kästchen gilt, klappt natürlich ganz genauso für Buchstaben. Am einfachsten ist es am Anfang mit Outline-Buchstaben.

5. Entscheide dich für die Schattenseite – ich nehme (fast) immer rechtsunten – und verschiebe nun alle Buchstaben nach rechts und unten.

6. Je nachdem, wie weit nach rechts und unten du deine Buchstaben verschiebst, desto mehr Schatten sieht man.

7. Wenn du magst, kannst du den Schatten mit Mustern oder komplett füllen – Schwarz gibt einen starken Kontrast.

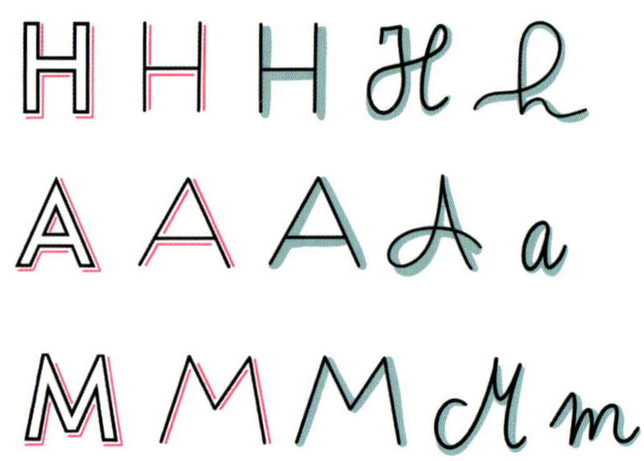

PENS ON!

Ach ja, und wo Schatten ist, da ist auch Licht … oder so ähnlich jedenfalls. Schreibe heute das Wort LICHT einmal in normaler Druckschrift, in Schreibschrift und in großen Outline-Buchstaben und verleihe dem ganzen „smokey eyes“, also Schatten.

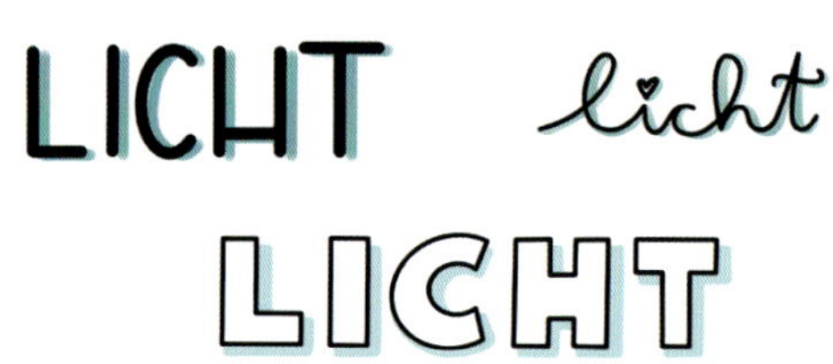

TAG 11

3-D-Schatten

Nach 10 Hand-Lettering-Workshop-Tagen haben deine Lettering Skills auf alle Fälle ein neues Level erreicht und das Lettering-Fieber hat dich hoffentlich mittlerweile so richtig gepackt. Deswegen heißt es jetzt „auf in unbekannte Galaxien“ bzw. zu neuen Dimensionen – let's do 3-D!

Und hier kommt auch direkt die Ausnahme, von der ich im Schatten-Kapitel gesprochen habe: 3-D-Schatten sehen häufig besser aus, wenn sie links unten statt rechts unten sind – probiere aber beide Varianten aus und entscheide selbst!

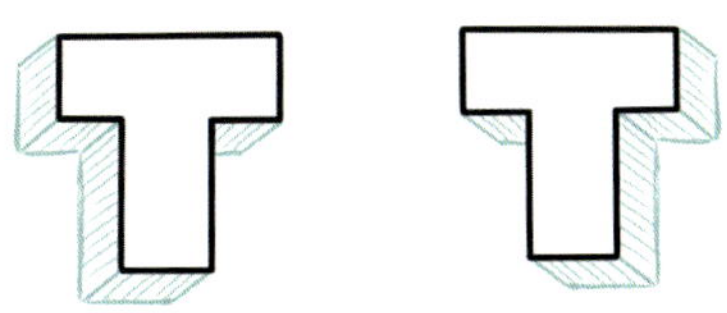

1. Nimm einen Brushpen in deiner Lieblingsfarbe und schreibe dein Wort in dicken Druckbuchstaben, alternativ kannst du dein Wort auch mit einem Pigmentliner in großen Outline-Buchstaben zeichnen. Lasse dabei etwa eine Brushpen-Breite Platz zwischen den Buchstaben für deine 3-D-Schatten.

2. Zeichne jetzt mit Bleistift (oder direkt mit dem Pigmentliner) von jeder „Ecke“ des Buchstabens im 45°-Winkel schräg nach unten links eine kurze Linie. Verbinde alle kurzen Linien miteinander und tadaa, deine Buchstaben heben sich förmlich vom Papier ab.

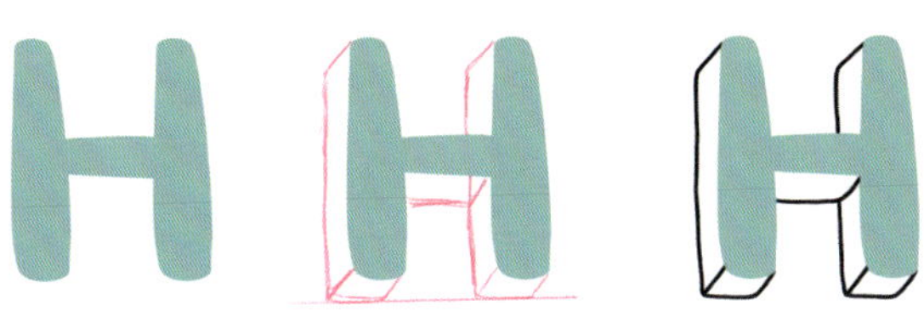

3. Du kannst den so entstandenen 3-D-Schatten entweder frei lassen, mit Mustern oder komplett füllen, ich mag ihn am liebsten dicht mit Buntstift schraffiert.

4. Zusätzlich kannst du deine Brush-Buchstaben mit einem schwarzen Pigmentliner umranden, um einen noch stärkeren Kontrast zu erzeugen.

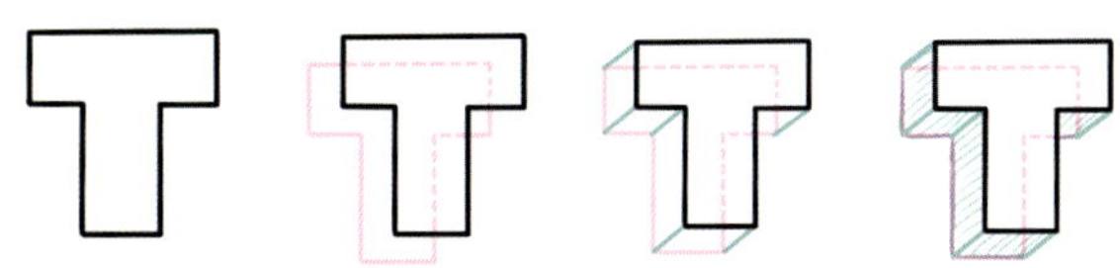

Tipp

In Kapitel „It's magic“ (Tag 19) zeige ich dir übrigens eine weitere, sehr coole Lettering-Variante mit Schatten. It's magic!

PENS ON!

Und jetzt bist du bereit für eine ganz neue Dimension! Deine 3-D-Mission für heute lautet: Lettere das Wort „Dimension“ in coolen 3-D-Schatten-Buchstaben.

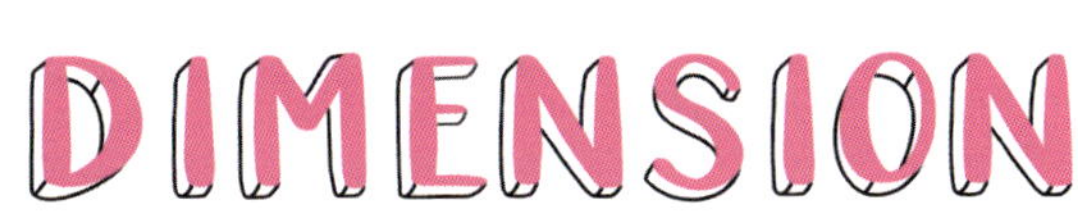

TAG 12

Muster

Wenn Schatten die smokey eyes für deine Buchstaben sind, dann sind Muster sozusagen die Klamotten für deine Letters. Also: Let's dress your Letters! Es wird nämlich der Tag kommen, an dem du vor deinen schönen großen Outline-Buchstaben sitzt und findest, dass es Zeit wird, sie mal ordentlich aufzuhübschen. Muster malen und Buchstaben dekorieren ist nicht nur eine tolle Möglichkeit, deiner Kreativität freien Lauf zu lassen, sondern entspannt obendrein noch ungemein.

Meine 5 liebsten „quick & easy"-Muster bestehen zwar aus einfachen geometrischen Formen wie Punkten und Strichen, sind aber alles andere als langweilig und du kannst sie ganz leicht nach deiner Vorstellung variieren:

1. **Streifen:** Variiere die Strichbreite bzw. die Größe der Abstände zwischen den einzelnen Strichen.

2. **Kreise:** Benutze unterschiedlich große Kreise und Punkte und setze auch Halb- und Viertelkreise in die Ecken bzw. Kanten deiner Buchstaben.

3. **Worte:**
   - Fülle den Outline-Buchstaben mit ganzen Worten aus.
   - Entweder mit dem gleichen Wort wie dein Lettering oder einem zum Thema passenden anderen Wort. Letterst du „SOMMER", kannst du z. B. das „O" auch mit dem Wort „Sun" füllen.
   - Mach dir keine Gedanken um korrekte Silbentrennung – die Worte sind hier nur ein Muster und sollen den jeweiligen Buchstaben komplett ausfüllen.

4. **Strich-Punkt-Linien:** Wechsele kleine Striche und Punkte ab, achte dabei darauf, die einzelnen Strich-Punkt-Linien zu variieren, sodass nicht alle gleich aussehen und gleich lang sind (z. B. --. | ..--- | .-. | ...--- usw.).

5. **Bögen:**
   - Wähle eine innere Ecke des Buchstabens und ziehe alle Bögen von dieser Ecke aus.
   - Die Bögen müssen dabei nicht immer bis zur Buchstabenkante gehen.
   - „Verlängere" kürzere Bögen durch kleine Punkte oder ergänze Punkte in den Zwischenräumen der Bögen.

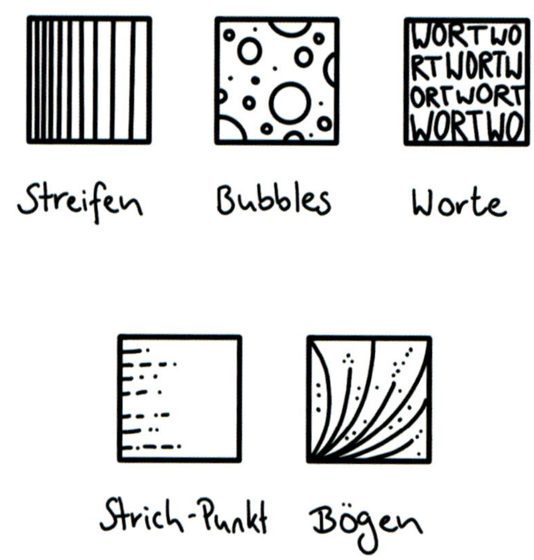

PENS ON!

Jetzt bist du gefragt: Gib dem Wort „MUSTER" einen coolen und individuellen Look!

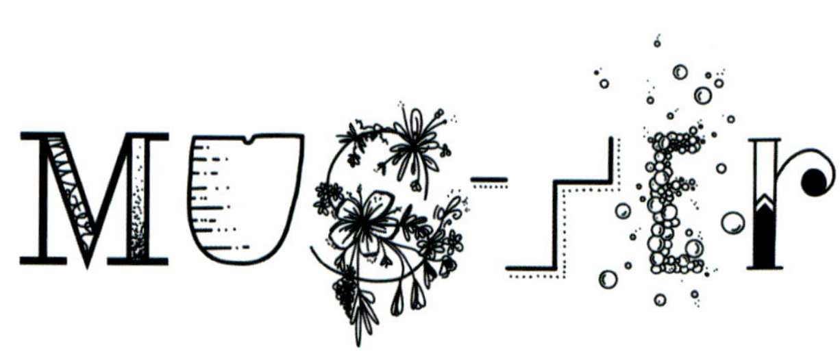

TAG 13

Muster-Showroom

Wo viele Klamotten sind, braucht man natürlich vor allem eins – einen großzügigen Kleiderschrank oder noch besser einen ganzen „Showroom" für deine Buchstaben, in dem du deine Lieblingsmuster sammelst. Immer dann, wenn du irgendwo, z. B. auf Pinterest, Instagram & Co. oder auch einfach unterwegs im „real life" ein cooles Muster siehst, kannst du es in deinem Muster-Showroom festhalten und so bei Bedarf einfach und schnell darauf zurückgreifen. Mit der Zeit wird dein Showroom immer größer und Stück für Stück zu einem kreativen Ideen-Pool. Und das Beste? Du musst, anders als beim Kleiderschrank, deinen Muster-Showroom nie ausmisten und findest garantiert immer etwas Passendes „zum Anziehen" bzw. Befüllen deiner Buchstaben. Super, oder?

PENS ON!

Lass heute gleich ein paar coole Teile in deinen Showroom einziehen und befülle die Kästchen mit Mustern, die dir spontan einfallen. Kopf aus, Kreativität an!

Tipp

Du kannst deinen Showroom selbst natürlich auch noch dekorieren, mit Blüten, kleinen Icons, Girlanden, Farbe usw.

Farben

Color your life bzw. dein Lettering! Obwohl ich selbst sehr gern puristische Letterings in Schwarz-Weiß mag, packt mich regelmäßig die Lust auf Farbe und es darf richtig bunt werden. Anfangs ist es noch einfach, weil deine Auswahl an Stiften noch begrenzt ist, aber der Tag wird kommen, an dem du dich fragst, was sind eigentlich die richtigen Farben für mein Lettering.

Dabei ist das mit den Farben gar nicht so schwer. Vor jedem Lettering kannst du dir eine der 3 folgenden Fragen stellen:

1. Gibt es ein saisonales oder anlassbezogenes Thema? Für ein österliches oder sommerliches Lettering wirst du sicher kein Tannengrün, Karminrot oder schimmerndes Gold verwenden, sondern frische, leichte Farben wie Grasgrün, Vanille oder Himmelblau. Auch die bewusste Entscheidung für eine gegenteilige Farbe ist eine gute Möglichkeit – ein Halloweenkürbis darf ruhig auch mal pink sein, wenn der Rest des Letterings reduziert ist und somit der ungewöhnlich gefärbte Kürbis im Fokus steht.

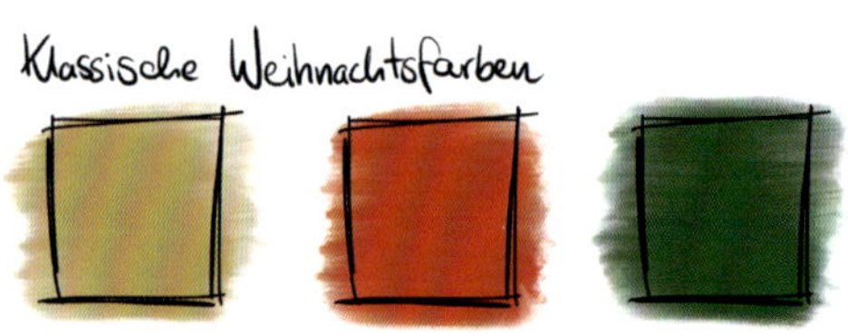

2. Was ist das Thema des Letterings und welche Farben sind dafür typisch? Z. B. sind Ozean- bzw. Blautöne gut für alles rund ums Thema Wasser, Grün- & Erdtöne für Natur, helle, warme Farbtöne wie sonniges Orange oder Pinktöne stehen für Fröhlichkeit, gedeckte Farben wie Violett, Rot und Brombeerlila strahlen Behaglichkeit aus und kalte Farbtöne wie Blaugrau oder Silber unterstreichen ein edles, reduziertes Design.

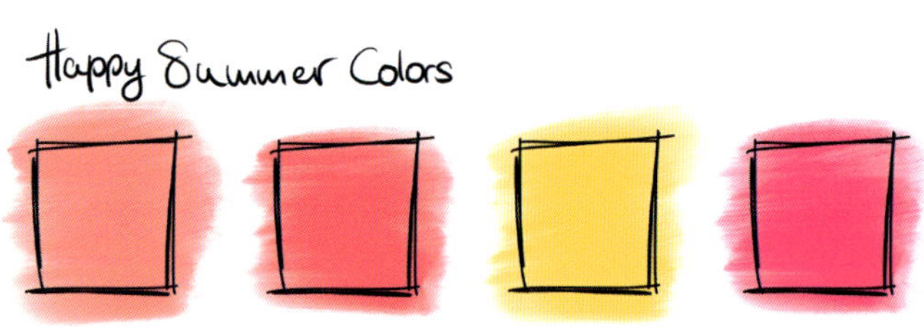

3. Das ist eigentlich keine Frage, sondern eine Möglichkeit, eine harmonische Farbkombination für dein Lettering zusammenzustellen. Wähle für dein Lettering eine Farbfamilie, also z. B. Blautöne, 3–4 verschiedene genügen, und ergänze noch eine Kontrastfarbe, z. B. einen warmen Beerenton. Dabei sollte die Kontrastfarbe eine Sekundärfarbe zur Farbfamilie sein.

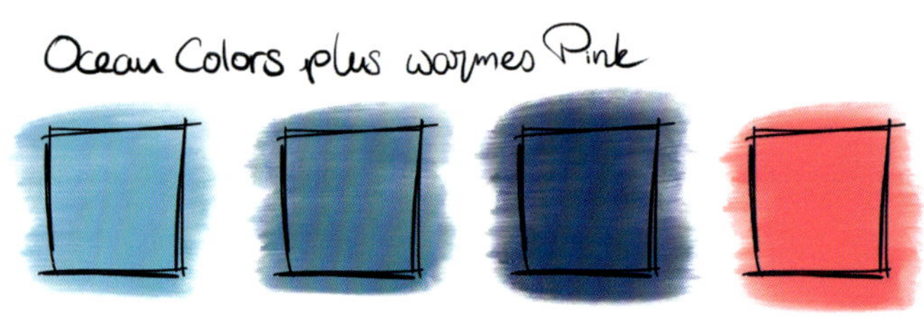

Tipp

Ein detailliertes Tutorial zum Thema „Farben für dein Lettering“ findest du auf meinem YouTube-Kanal.

PENS ON!

Ach ja, was lettern wir heute? Wie wäre es mit „colours“ und schönen bunten Farbschatten?

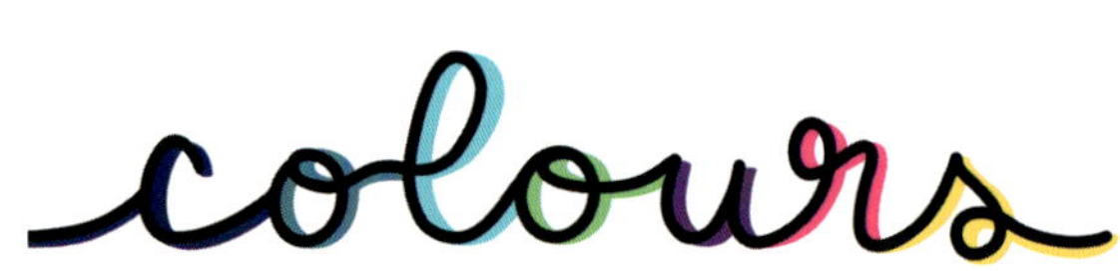

TAG 15

Hintergründe

Ich finde, an Tag 15 dürfen wir uns eine kleine Lettering-Pause gönnen. Aber unsere Stifte kommen trotzdem zum Einsatz, und zwar geht es heute darum, wie du mit den Materialien, die du schon hast, ganz easy tolle Hintergründe für deine Letterings zaubern kannst!

1. Diese Variante kannst du sowohl vorm Lettern als auch danach machen. Lege eine größere Unterlage unter dein Lettering-Papier, denn es wird gleich bunt. Nimm einen (am besten alten) Brushpen, halte die Kappe in der einen, den Stift in der anderen Hand. Ziehe nun die Pinselspitze von oben nach unten über den Kappenrand. Dabei entstehen viele kleine Farbspritzer auf deinem Blatt. Einen ganz ähnlichen Effekt erzielst du mit einer alten Zahnbürste und flüssiger Wasserfarbe. Der „Sprenkel-Effekt" wirkt sowohl einfarbig als auch im Mix mit mehreren Farben.

2. Nimm einen Brushpen und „bemale" den inneren Rand der Kappe mit dem Stift. Jetzt kannst du mit der Kappe Kreise auf dein Blatt stempeln. Diese Methode lässt sich prima auch mit der ersten Variante kombinieren, da die Stiftkappe ohnehin schon mit Farbe benetzt ist.

3. Halte die Spitzen von zwei unterschiedlich farbigen Brushpens aneinander. Setze die Spitzen auf dein Blatt und gib etwas Druck auf den Stift. So entstehen mehrfarbige Tropfenformen, aus denen du ganz leicht Herzchen und kleine Blüten „stempeln" kannst.

4. Du brauchst eine Prospekthülle und Brushpens. Male mit jeder Farbe einige Male auf der Folie hin und her, die Farbe perlt dabei etwas ab. Dreh nun die Folie mit der Farbseite nach unten und drücke sie auf dein Blatt. Durch die durchsichtige Folie kannst du genau sehen, wo du die Farbe aufträgst. Bei Bedarf trägst du neue Farbe auf und wiederholst den Vorgang.

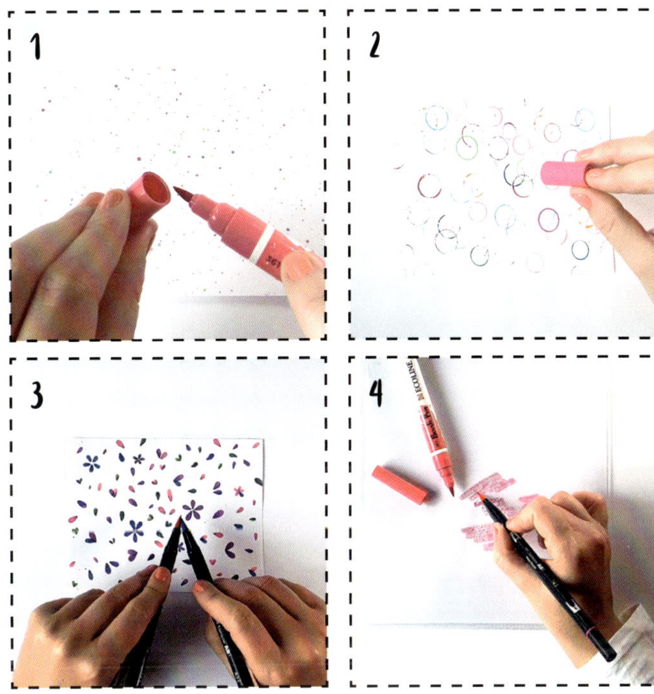

Tipp

Mit einem Airbrush bzw. Blopen (gibt es z. B. von Malino für Kinder) kannst du tolle Hintergründe einfach auf dein Blatt aufpusten!

PENS ON!

Erstelle heute mit einer der 4 Methoden einen Hintergrund für dein nächstes Lettering.

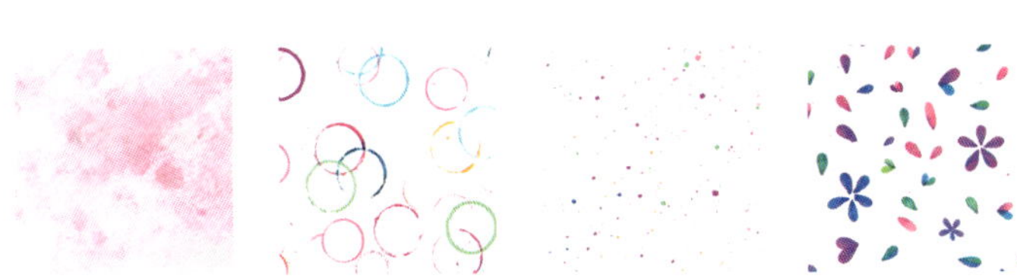

TAG 16

Up & Down

Lass uns mit einer einfachen und schnellen Lettering-Variante beginnen, die das Erscheinungsbild deiner ganz normalen Druckschrift im Handumdrehen verändert – ich nenne sie Up & Down. Dabei setzt du alle Querstriche entweder bewusst hoch oder tief. Zusätzlich schreibst du die Buchstaben sehr eng oder weit, um den Effekt noch zu verstärken.

Beginnen wir mit den Großbuchstaben:

1. Überlege dir zuerst, welche Buchstaben deines Wortes einen Querstrich haben. (Buchstaben mit Querstrichen sind A, E, F, G, H, J & Z.)

2. Setze die Querstriche deiner Buchstaben statt in die Mitte bewusst nach oben oder nach unten.

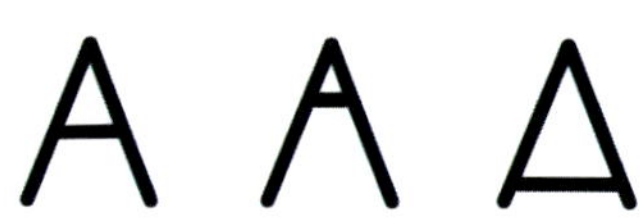

3. Achte darauf, dass du alle Querstriche etwa auf die gleiche Höhe setzt.

4. Ziehe bei Buchstaben mit Bögen wie B, P, R & S den Bogen bewusst nach oben oder nach unten.

5. Das Gleiche gilt auch für die Buchstaben K, M, N, X & Y – setze den Kreuzungspunkt der schrägen Linien entweder weit nach oben oder weit nach unten (alle Buchstaben findest du auch noch mal im Up & Down-Alphabet auf der übernächsten Seite).

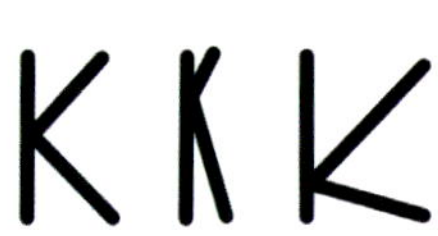

6. Um den Up & Down-Effekt zu verstärken, schreibe alle Buchstaben entweder sehr schmal oder extrab r e i t.

7. Probiere aus, wie sich die Wirkung verändert, wenn du das Wort in deiner ganz normalen Druckschrift schreibst, dann einmal mit schmalen und breiten Up-Buchstaben (= Querstriche und Bögen nach oben versetzt) und noch mal mit schmalen und breiten Down-Buchstaben (= Querstriche und Bögen nach unten versetzt).

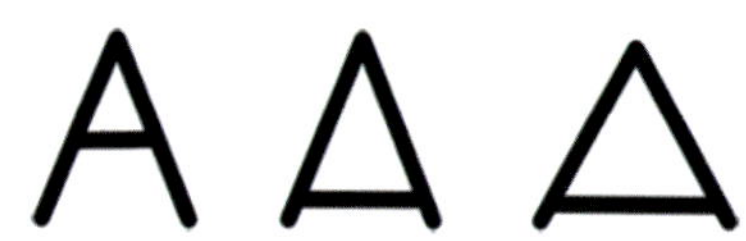

Was für Großbuchstaben gilt, kannst du nun ganz leicht auch auf deine kleinen Druckbuchstaben übertragen:

8. Bei den Kleinbuchstaben geht es im Prinzip genauso, auch wenn wir hier statt Querstrichen meistens Bögen und Rundungen haben (z. B. E & e oder H & h).

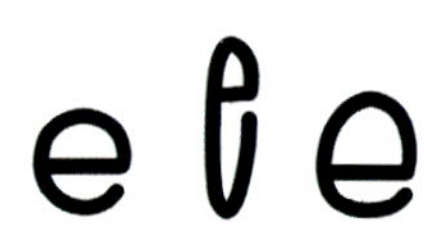

9. Ziehe deine Buchstaben also entweder bewusst in die Länge oder „drücke" sie nach unten, indem du die Buchstaben und vor allem die Bögen klein hältst.

10. Die Bögen z. B. bei b, d, e, h, l, p & t sind entweder sehr lang nach oben oder kurz nach unten gedrückt.

11. Wie bei den Großbuchstaben verstärkst du auch bei den Kleinbuchstaben den Up & Down-Effekt, wenn du die Wörter bewusst schmal oder extrab r e i t schreibst.

PENS ON!

Lettere zum Abschluss unseres Workshop Tages heute den Spruch auf der rechten Seite in Up & Down Letters.

Remember to look
UP to the stars
not down at
your feet.

a b c d e f

g h i j k l

m n o p q r

s t u v w x

y z

A B C D E F

G H I J K L

M N O P Q R

S T U V W X

Y Z

TAG 17

Twice is nice

Doppelt hält bekanntlich besser, also machen wir es gleich doppelt gut, ganz nach dem Motto „twice is nice“.

1. Schreibe zuerst dein Wort in ganz normalen Druckbuchstaben. (Du kannst Groß- und Kleinbuchstaben dabei mischen oder du bleibst bei einer Variante.)
2. Ziehe immer zum linken Senkrechtstrich des Buchstabens einen zweiten Senkrechtstrich rechts daneben.

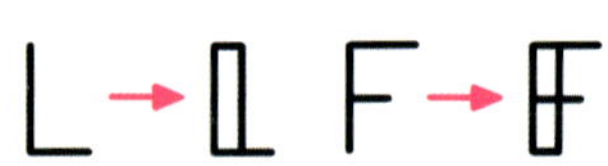

3. Bei runden Buchstaben wie C, O oder U zeichnest du links innen vom Buchstaben den Senkrechtstrich ein. Statt einem Senkrechtstrich kannst du alternativ auch die Rundung „verdoppeln“.

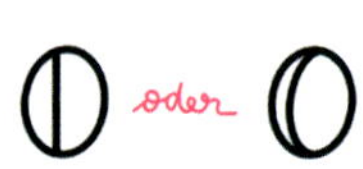

4. Viele deiner Großbuchstaben musst du am Ende mit einem kleinen Querstrich verschließen, damit eine geschlossene Fläche entsteht.
5. Bei den Kleinbuchstaben funktioniert das Prinzip ganz genau so – ziehe immer zum linken Senkrechtstrich des Buchstabens einen zweiten Senkrechtstrich rechts daneben und verschließe ggf. noch offene Flächen mit kleinen Querstrichen.
6. Die so entstandene Fläche kannst du frei lassen, schraffieren, mit Punkten versehen oder komplett ausfüllen – deiner Fantasie sind keine Grenzen gesetzt.

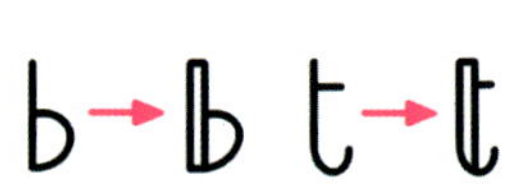

7. Zum Schluss kannst du, wenn du magst, noch Serifen ergänzen, wobei du darauf achten solltest, dass dann auch alle Buchstaben Serifen bekommen für einen harmonischen Gesamteindruck.

STEP-BY-STEP

Letters with an attitude – eine edle Variante des Doppelstrichs ist mein Attitude-Lettering-Style, bei dem du lange, schmale Buchstaben mit einem zarten Doppelstrich kombinierst.

1. Schreibe dein Wort in langen, schmalen Großbuchstaben, nutze dazu auch gern die Up-Buchstaben mit nach oben versetzten Querstrichen & Bögen.
2. Achte bei Buchstaben mit Bögen wie D, P oder R darauf, dass der Bogen extraschmal ist.
3. Setze sehr nah an der rechten Innenseite des Buchstabens eine zweite, dünne Linie, die du unten und ggf. auch oben (wie beim H oder I) offen lässt.
4. Den so entstandenen Zwischenraum kannst du entweder ganz mit deiner Schreibfarbe ausfüllen oder frei lassen.
5. Besonders schön wirkt der Attitude Style monochrom, d. h. mit nur einer Farbe geschrieben.

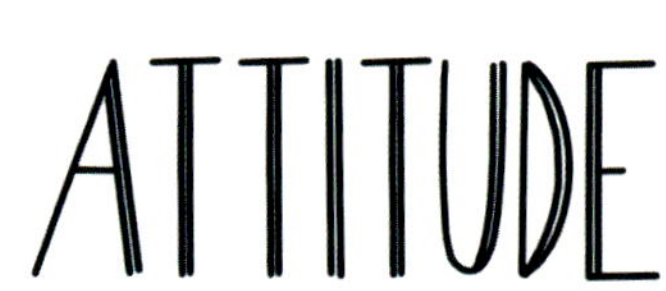

PENS ON!

Volle Sehkraft voraus: Lettere zum Tagesabschluss den Spruch rechts in Twice-is-nice-Buchstaben.

Karotten verbessern die SEHKRAFT.
Wein verdoppelt sie.

a b c d e f

g h i j k l

m n o p q r

s t u v w x

y z

A B C D E F

G H I J K L

M N O P Q R

S T U V W X

Y Z

TAG 18

Let's go to Fantasia Land

Für den Fantasia Lettering Style kombinieren wir eine einfache Druckschrift, bei der jeder Buchstabe an einer oder zwei Stellen geöffnet ist, mit Strichen und Punkten zu einer super easy, aber gleichzeitig auch superschönen Lettering-Style-Variante.

1. Grundlage sind deine ganz normalen großen Druckbuchstaben, du kannst Fantasia aber auch sehr gut auf Up & Down-Buchstaben (siehe Tag 16) aufbauen.

2. Entscheide dich zuerst für eine Seite und Stelle, an der du deine Buchstaben öffnen möchtest.

3. Besonders harmonisch sieht es aus, wenn alle Buchstaben an derselben Stelle geöffnet sind, also z. B. links oben.

4. Bestimmte Buchstaben wie E, F oder P kannst du auch noch an einer zweiten Stelle öffnen. Diese zweite Öffnung sollte etwas kleiner sein als die „Hauptöffnung" links oben.

5. Belasse es bei einer oder maximal zwei Stellen, an denen du eine Lücke in deinen Buchstaben lässt, sonst wirkt Fantasia zusammen mit den Deko-Elementen schnell unruhig.

6. Füge nun jeweils an einem oberen und an einem unteren Ende deiner Buchstaben einen Senkrechtstrich an und setze ans Ende des Strichs noch einen kleinen Punkt.

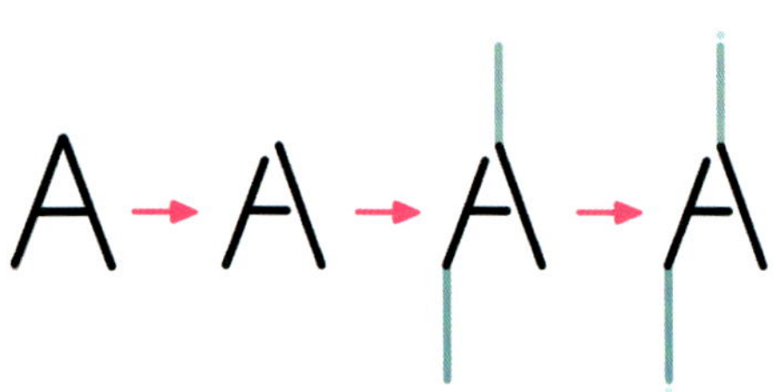

7. Die Senkrechtstriche deiner Buchstaben sollten unterschiedlich lang sein und müssen nicht immer an der Öffnung ansetzen. Eine gute Orientierung gibt dir das Alphabet auf Seite 51, du bist hier aber frei, was die Länge und Setzung der Senkrechtstriche angeht – achte bei deinem Lettering einfach darauf, dass nicht alle Senkrechtstriche auf der gleichen Höhe enden.

Tipp

Besonders schön wirkt Fantasia, wenn Buchstaben, Senkrechtstriche und Punkte aus einer Farbfamilie stammen, alternativ kannst du die Buchstaben auch in kontrastreichem Schwarz lettern und nur die Punkte und Senkrechtstriche farblich harmonisch gestalten.
Für den Hintergrund deines Letterings bieten sich bei Fantasia Punkte und Kreise aus der gleichen Farbfamilie wie die Senkrechtstriche an.

PENS ON!

Lass uns Platz im Kopf schaffen und zum Ausklang unseres Workshop-Tages den Spruch auf der rechten Seite lettern.

Im Kopf muss immer
ein Platz frei sein
für Flausen &

FANTASIE.

Aber Mooooment, Tini, was ist eigentlich mit kleinen Fantasia-Buchstaben? Gute Frage! Keine Sorge, die wurden hier nicht einfach so vergessen.

Fantasia ist ein reiner Großbuchstaben-Lettering-Style, für normale kleine Druckbuchstaben wirkt er einfach nicht. Probiere es ruhig mal aus und du wirst mir sicher zustimmen, dass es irgendwie komisch wirkt, schon allein ein a oder d sähen einfach seltsam aus im Fantasia Style.
Später (am Tag 21) wirst du Rope Skipping, die Seilschrift, kennenlernen. Bei ihr ist es genau andersrum. Sie ist ganz großartig für zarte Kleinbuchstaben, funktioniert aber einfach nicht bei Großbuchstaben.

Weil Fantasia aber natürlich viel zu schade wäre, um nur Großbuchstaben zu haben, habe ich basierend auf den Fantasia-Elementen einen Kleinbuchstaben-Style entwickelt. Diesen wird es auf lichtandletters „Die weltschönsten Modern Lettering Alphabete" (coming soon!) zu sehen geben, aber du bekommst hier und ganz exklusiv schon mal einen Einblick in fantadua – den Kleinbuchstaben-Style passend zu Fantasia.

Büdde schön: I proudly present fantadua.

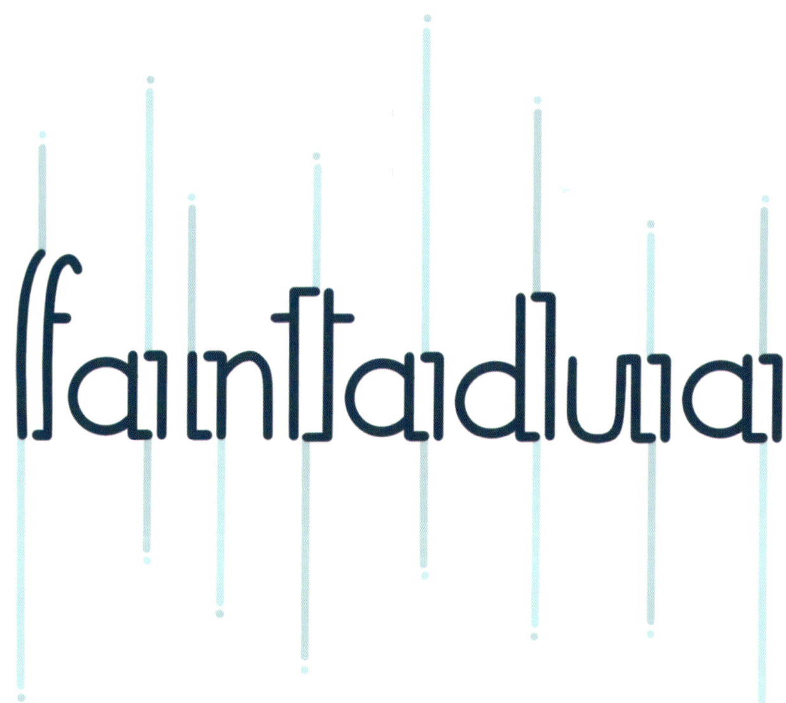

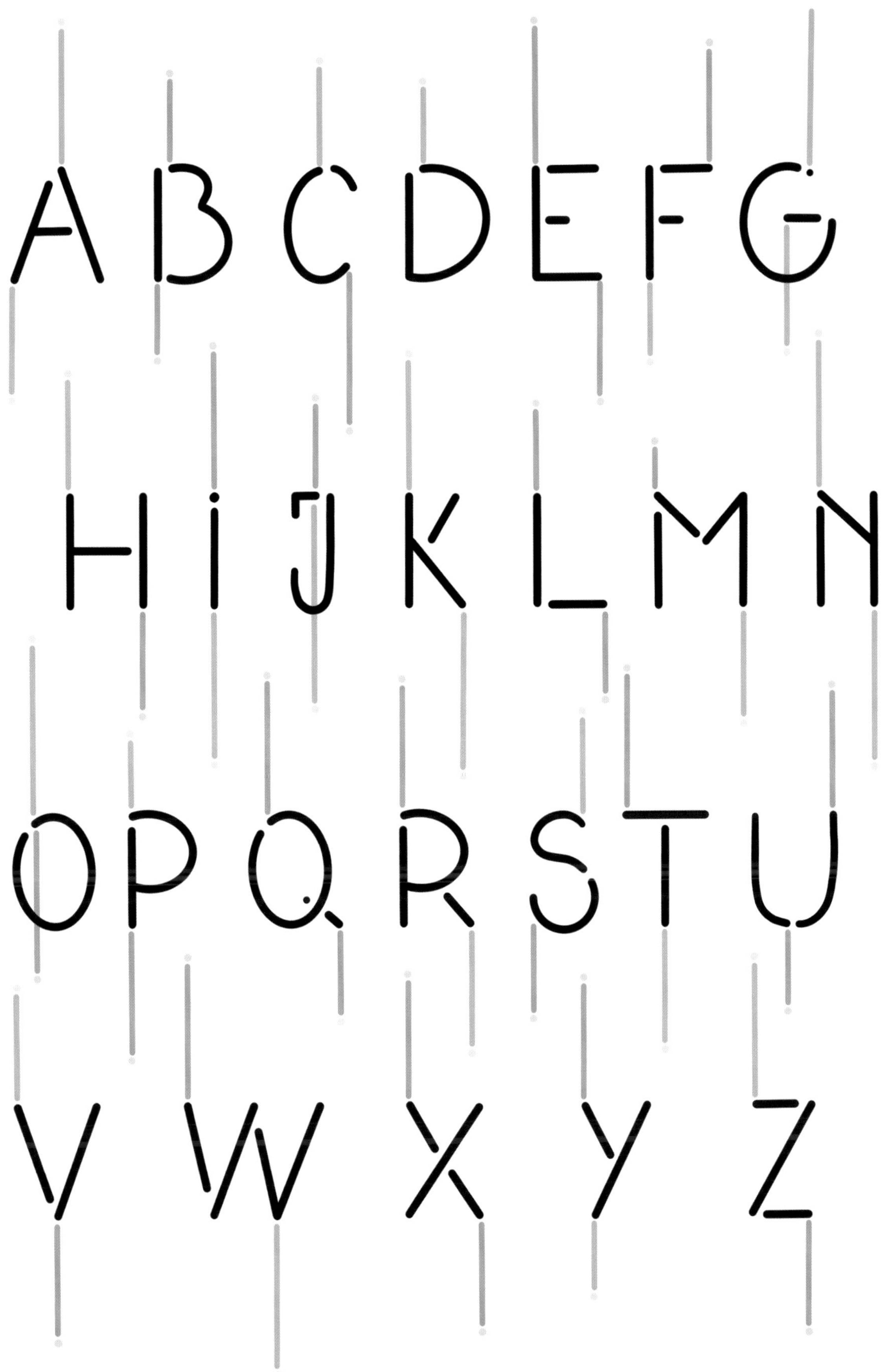
ABCDEFG
HIJKLMN
OPQRSTU
VWXYZ

TAG 19

It's Magic

Ich zeige dir jetzt einen coolen Zaubertrick, mit dem du ein echt magisches Lettering aufs Papier zaubern kannst. Erinnere dich noch mal an das Kapitel mit der Schattensetzung – wir lassen deine Wörter jetzt nämlich wie von Zauberhand allein aus den Buchstabenschatten entstehen. Am Anfang ist es etwas tricky für den Kopf, das Wort allein aus den Schattenlinien „zusammenzusetzen", aber dann macht es plötzlich „Klick" und ein wirklich cooler Effekt entsteht! Auf meinem YouTube-Kanal findest du dazu mein „Magische Schattenschrift mit 3-D-Effekt"-Tutorial.

Grundlage für die magische Schattenschrift sind große Outline-Buchstaben. Sie funktioniert sowohl für Klein- als auch für Großbuchstaben, am besten kommt der Effekt aber bei den großen Outline-Buchstaben zur Geltung.

1. Schreibe zuerst dein Wort in großen Outline-Buchstaben dünn mit Bleistift vor.
2. Achte dabei darauf, zwischen den Buchstaben etwas Platz zu lassen (ungefähr die Breite eines Bleistifts, sie sollten sich jedenfalls nicht berühren oder überlappen).
3. Entscheide dich für deine Schattenseiten, ich nehme wie (fast) immer rechts & unten.
4. Stell dir vor, dass du dein Wort nach rechts & unten verschiebst und zeichne die Schattenlinien mit Bleistift oder einem hellen farbigen Buntstift ein.
5. Zeichne die Schattenlinien mit einem schwarzen Filzstift oder Permanentmarker nach.
6. Lass die schwarzen Schattenlinien kurz trocknen, damit sie beim Radieren deiner Bleistiftlinien nicht verschmieren, und radiere alle Bleistiftlinien weg.

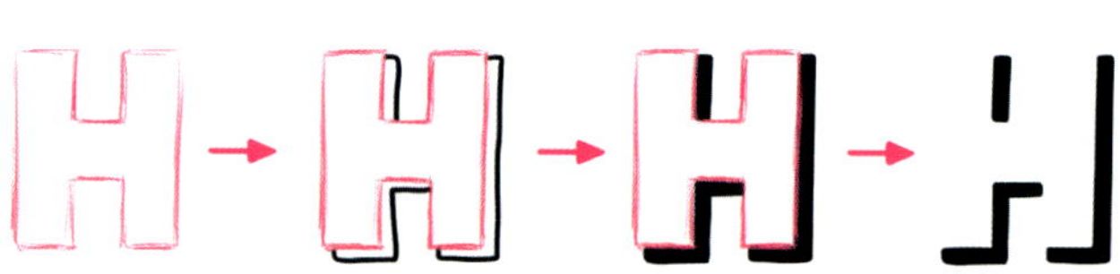

Tipp

Falls du mit der Schattensetzung noch ein bisschen unsicher bist, kannst du dein Wort auch zweimal am Laptop tippen, einmal in Schwarz und einmal in deiner Lieblingsfarbe und das zweite Wort leicht nach rechts & unten verschieben und so ganz einfach deine Schattenlinien überprüfen.
Natürlich kannst du ein ganzes Lettering in Schattenschrift gestalten, besonders schön wirkt der Effekt aber, wenn du nur ein zentrales Statementwort in diesem Lettering Style letterst.

Hier geht es zu meinem ausführliches Tutorial zur magischen Schattenschrift auf YouTube!

PENS ON!

More Magic please! Lettere den Spruch und verwende dafür gerne meine Vorlage.

more

MAGIC

please!

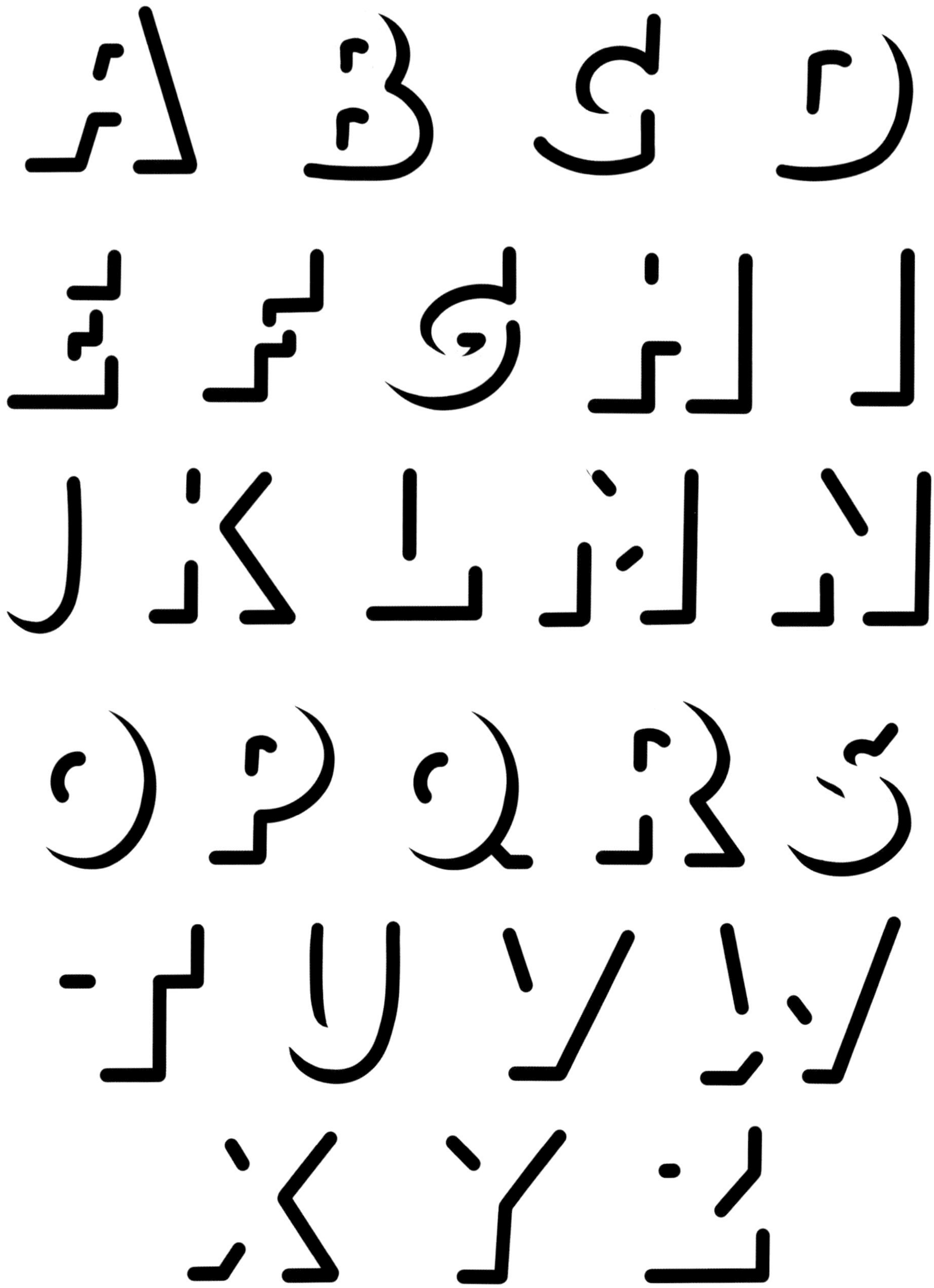
A B C D
E F G H I
J K L M N
O P Q R S
T U V W
X Y Z

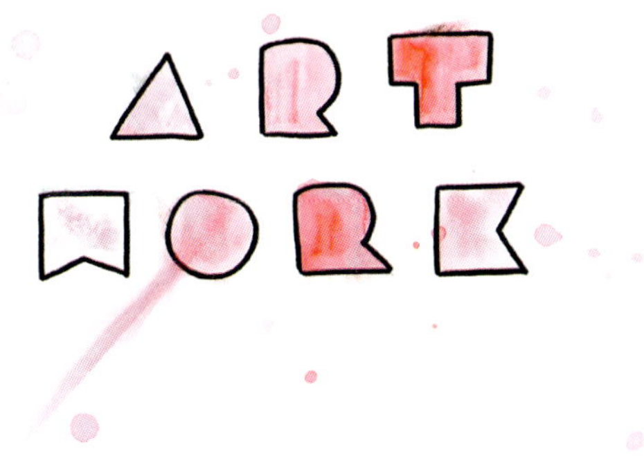
ART
WORK

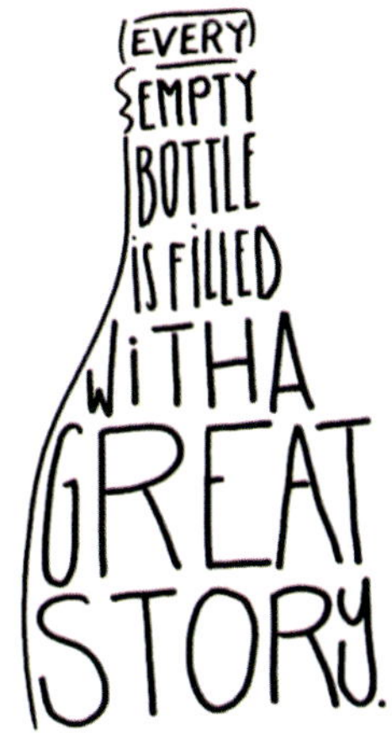
EVERY EMPTY BOTTLE IS FILLED WITH A GREAT STORY.

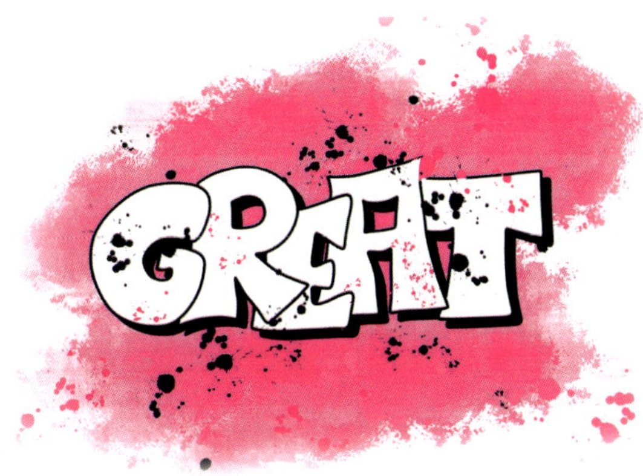
GREAT

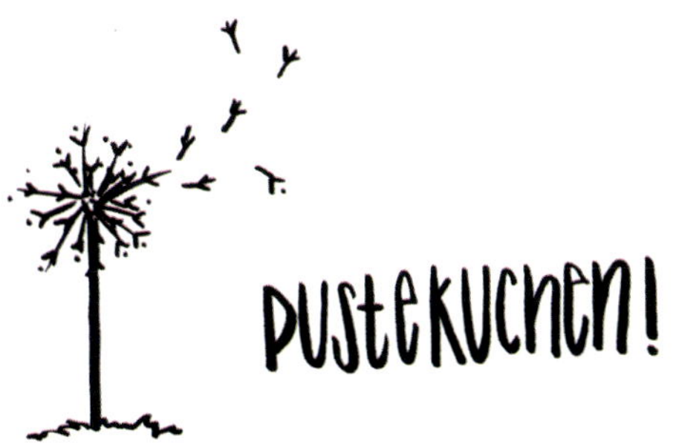
pustekuchen!

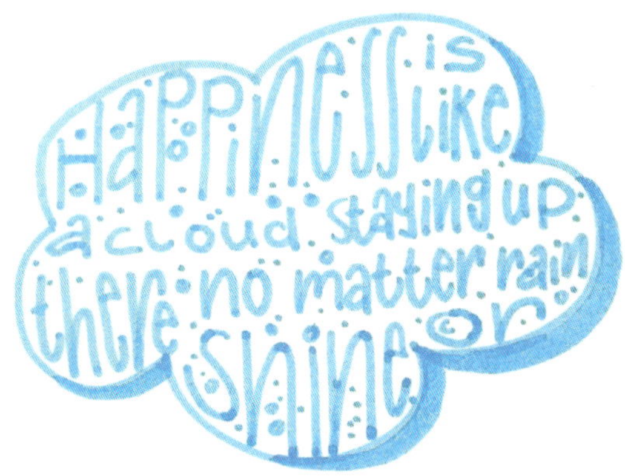
Happiness is like a cloud. staying up there no matter rain or shine

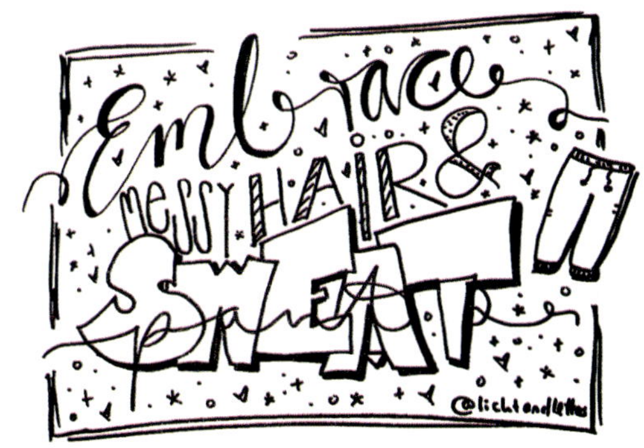
Embrace messy hair & sweat!
@lichtandletters

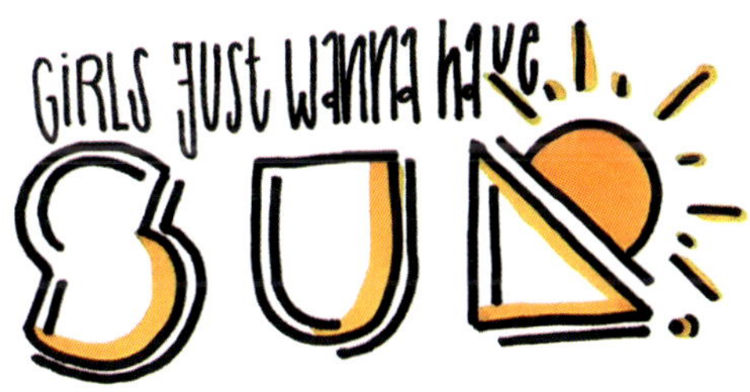
Girls just wanna have SUN

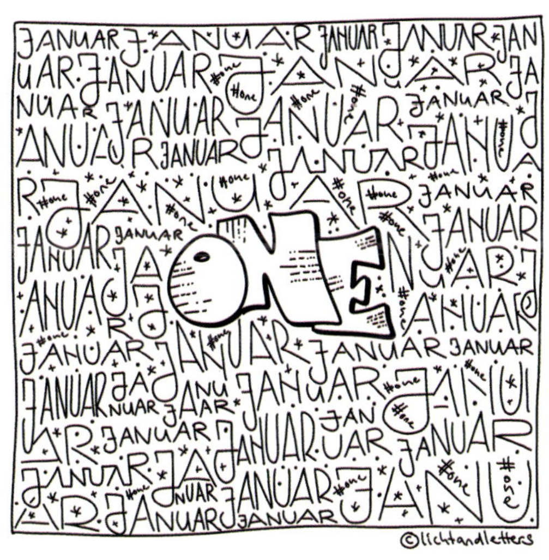
JANUAR
ONE
#one
©lichtandletters

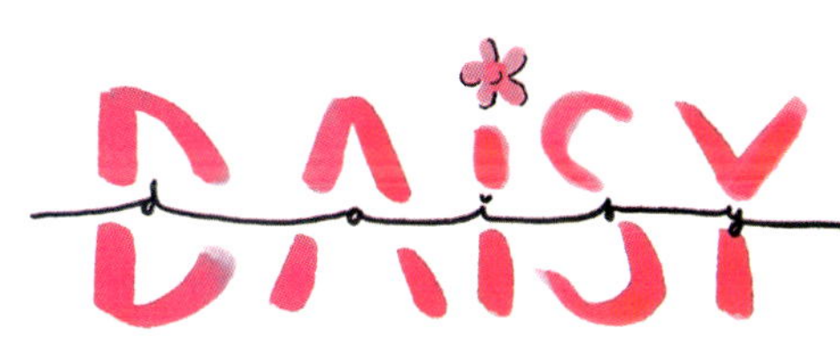
DAISY

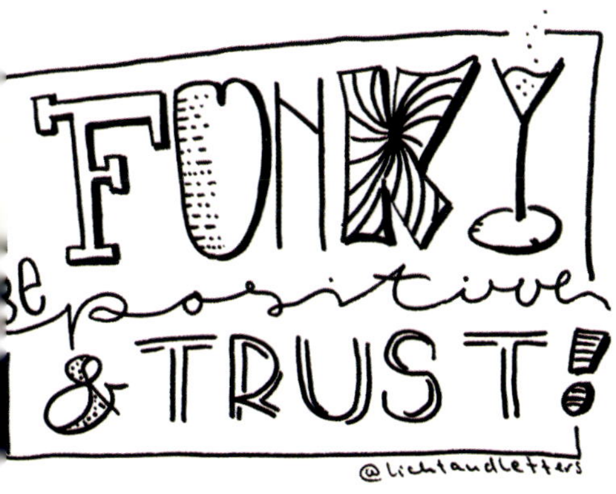
FUNKY
be positive
& TRUST!
@lichtandletters

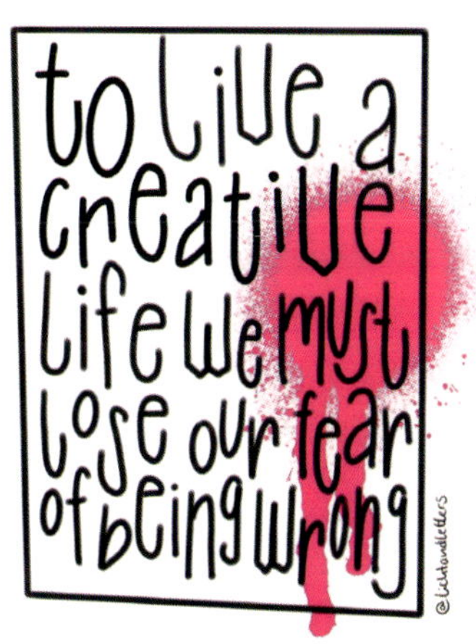
to live a creative life we must lose our fear of being wrong
@lichtandletters

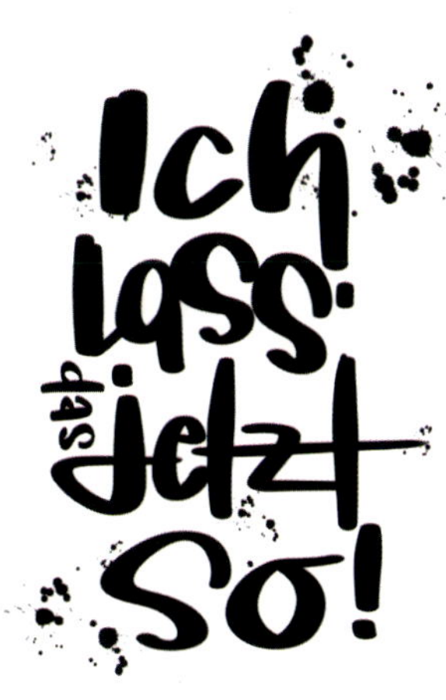
Ich lass das jetzt so!

TAG 20

Rockstar Letters

Graffiti-Schrift ist definitiv der Rockstar unter den coolen Schriften! Funky Outline-Buchstaben, die alles, nur nicht brav und langweilig sind. Hier zeige ich dir eine besonders schöne Form der Graffiti Letters, und zwar die sogenannten „Loose Graffiti Letters“. Loose steht dabei für leicht & locker. So bekommen deine Graffiti Letters eine spielerische und zarte Note und grade der Kontrast zwischen Leichtigkeit und Coolness macht sie sehr spannend.

1. Beginne mit einem kurzen Wort, 4–6 Buchstaben sind optimal, weil die Buchstaben relativ viel Platz brauchen.
2. Schreibe mit Bleistift das Wort in großen Druckbuchstaben vor.
3. Zeichne nun die Outlines in lockeren Skizzenstrichen (mehrfach mit dem Bleistift leicht hin und her) – wenn du sicher in Outlines bist, kannst du auch direkt mit diesem Schritt beginnen.
4. Du darfst dabei ruhig die „korrekte“ Buchstabenform verlassen und deine Buchstaben lässig und ein bisschen wild aufs Papier bringen.
5. Achte darauf, dass sich jeder Buchstabe mit seinem rechten Nachbarn „überlappt“ und die Abstände eng sind.
6. Lass deine Buchstaben tanzen (Rockstar, you remember?) und variiere sie ein bisschen in der Größe und Position.
7. Wichtig ist, dass der erste und letzte Buchstabe ungefähr die gleiche Größe haben und etwa auf einer Linie sind.
8. Zeichne die Buchstaben mit einem dünnen, schwarzen Fineliner (0,3 oder 0,5 mm) locker nach (die Bleistiftlinien dienen dir dabei als Orientierung, du musst sie aber nicht ganz genau treffen!).

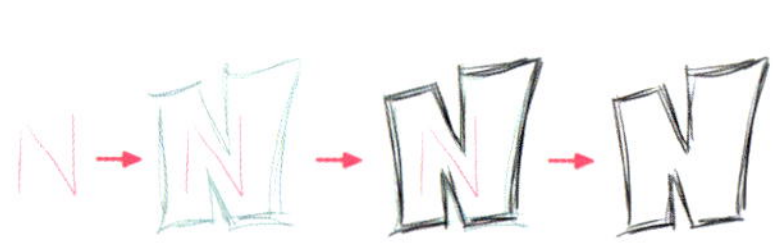

9. Setze anschließend mit einem hellen grauen Brushpen dicke Schatten außen (rechts & unten z. B.).
10. Fülle die Buchstaben mit verschiedenen Mustern oder komplett in Farbe.
11. Füge einen coolen Hintergrund z. B. aus Klecksen und Farbspritzern hinzu, wie ich dir im Hintergründe-Kapitel (Seite 39) gezeigt habe und ergänze alles zu einem coolen Lettering.

Tipp

Graffiti Letters gibt es übrigens in vielen coolen Varianten: Du erinnerst dich bestimmt noch an die lustige Bubbleschrift, mit der du zu Schulzeiten langweilige Mathestunden überlebt hast. Oder Splash Letters – da laufen deine Buchstaben an mehreren Stellen aus und veranstalten eine ganz schöne Klecksparty auf deinem Blatt. Du findest 3 Tutorials zu Graffiti-Schriftvarianten auch auf meinem YouTube Channel und als Bonus ein Tutorial, in dem ich dir zeige, wie du ganz easy kreative Hintergründe für deine Letterings kreierst, und zwar nicht nur für Graffiti Styled Letters.

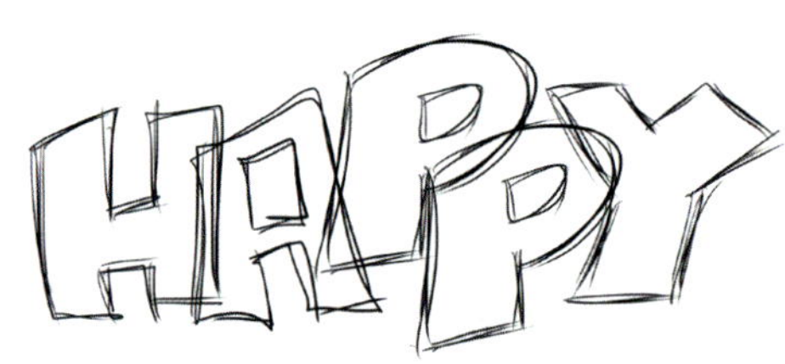

PENS ON!

Worauf wartest Du noch? Lass uns dein Lettering rocken! Lettere das Lettering auf der rechten Seite.

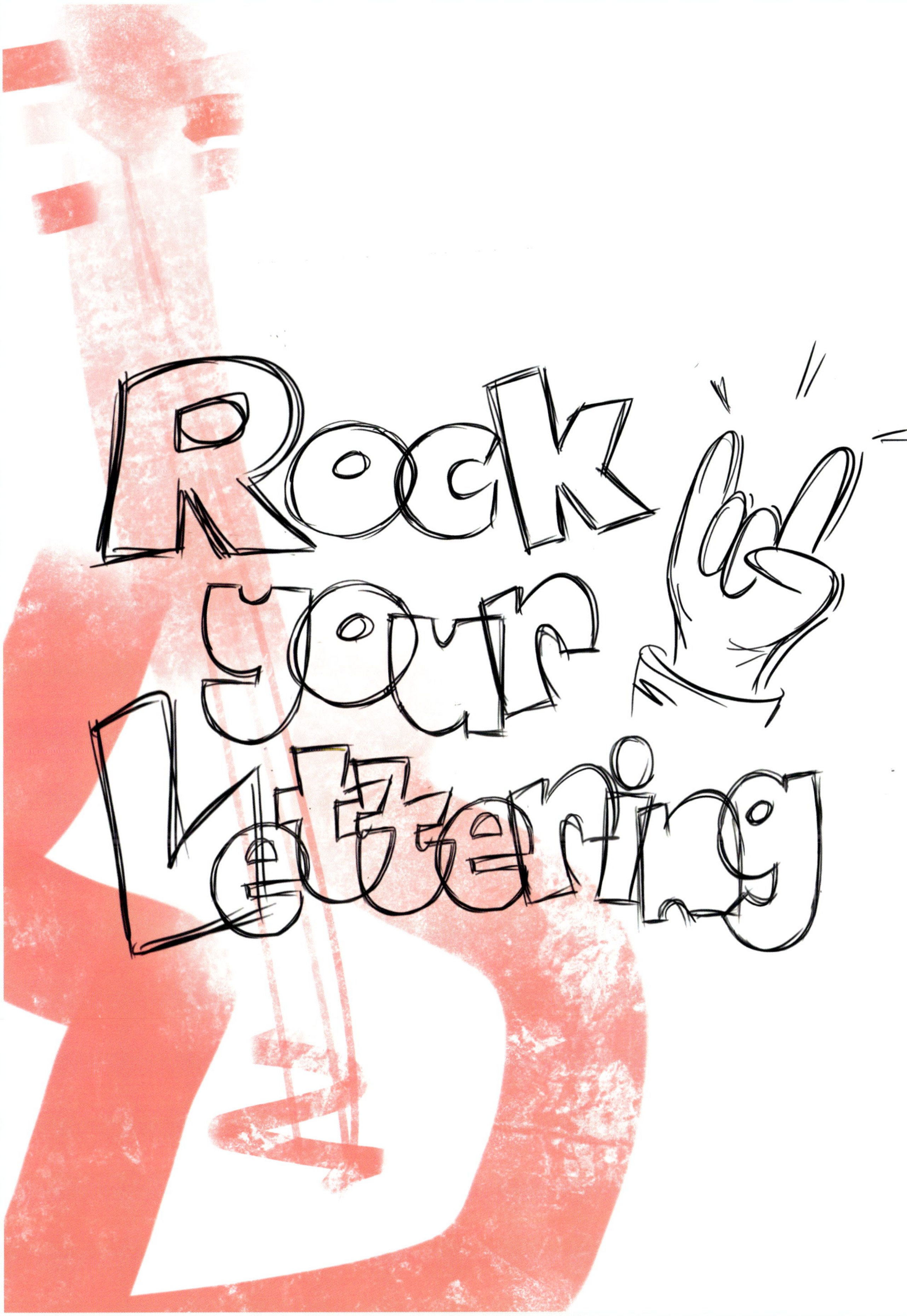
Rock
your
Lettering

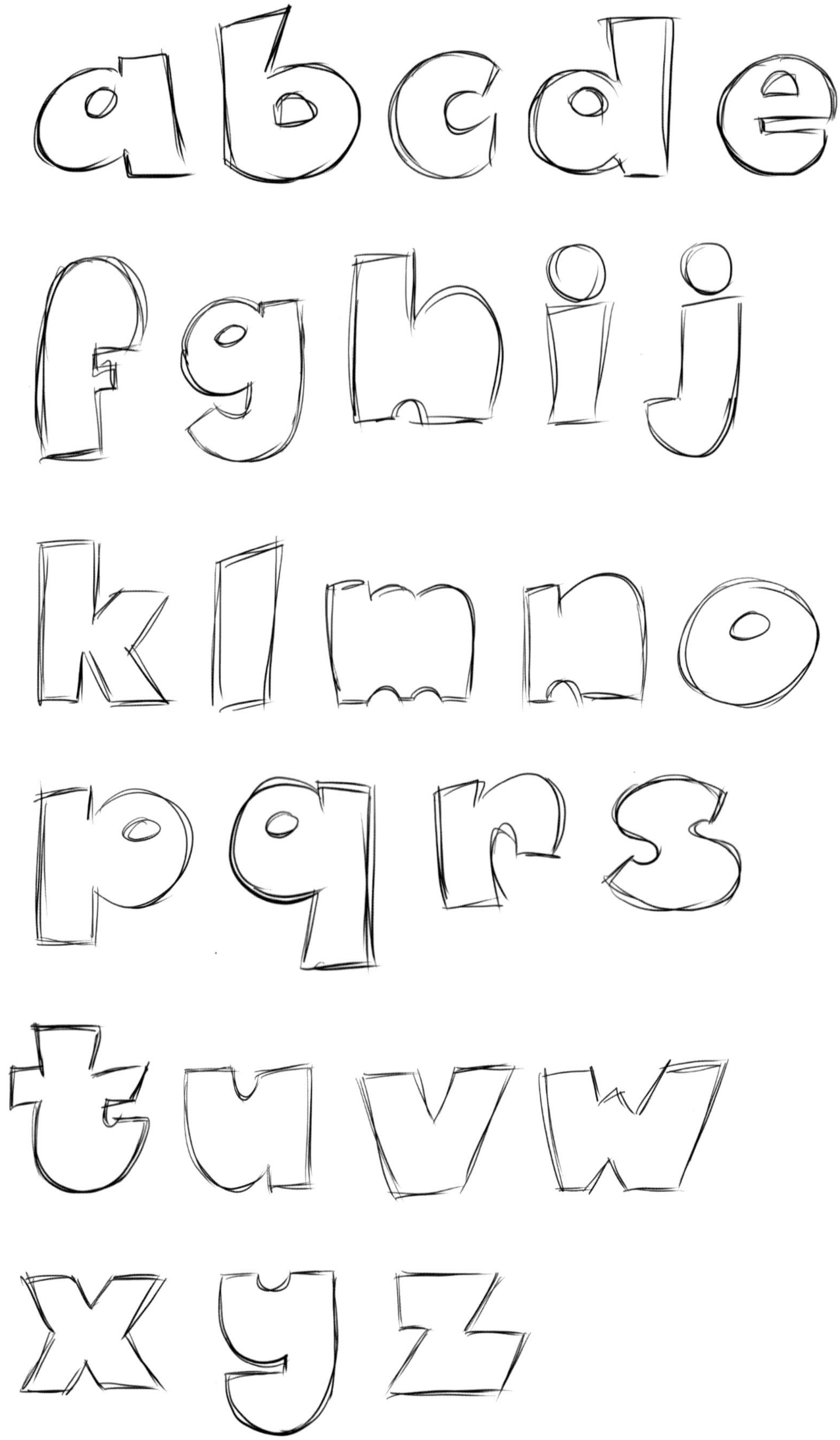

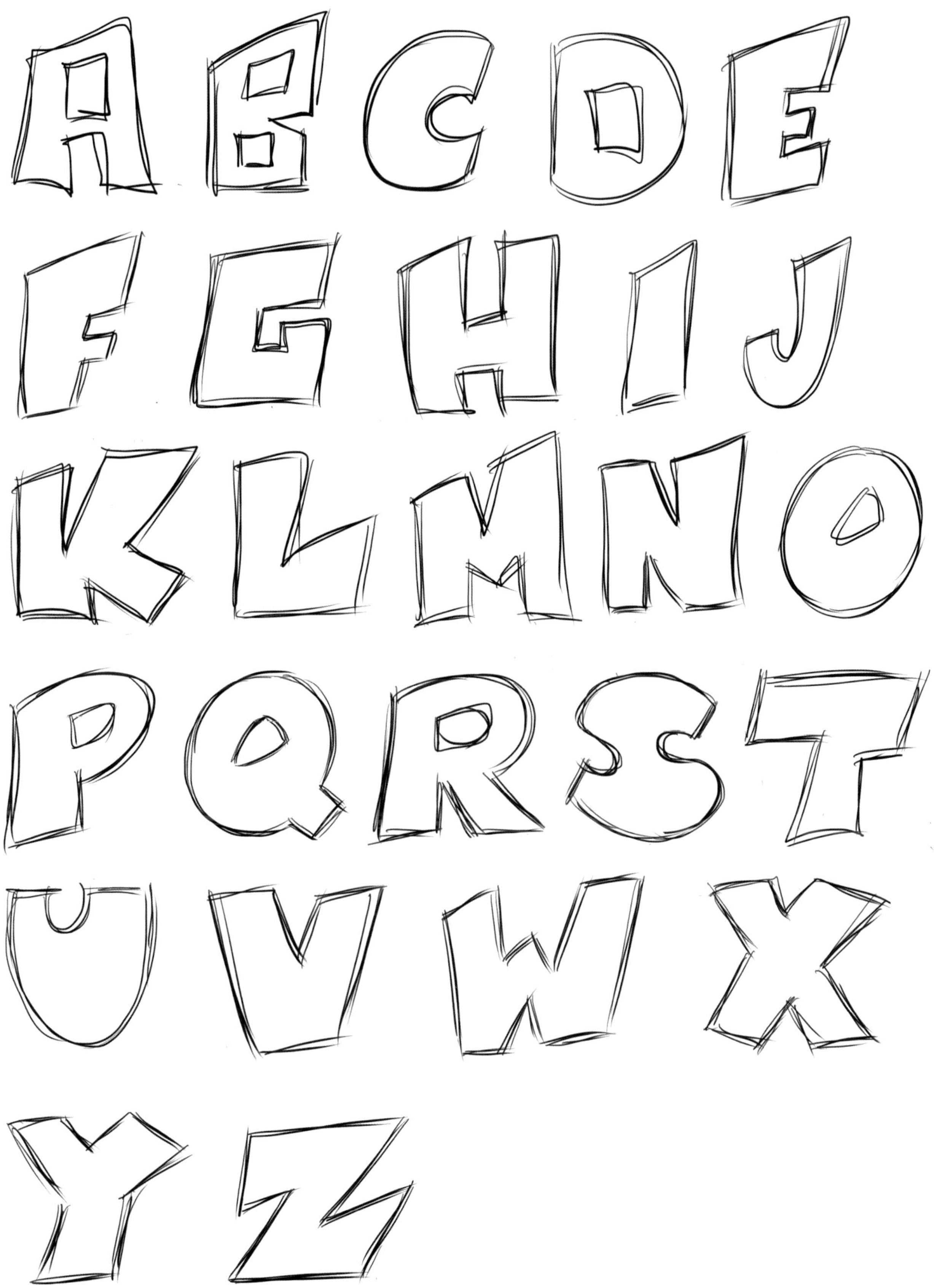

TAG 21

Rope Skipping

Müde „in den Seilen hängen" passiert dir mit dieser feinen Schreibschriftvariante garantiert nicht, denn sie ist ein echter Hingucker in jedem Lettering und lässt sich obendrein auch wunderbar mit fast allen anderen Schriftvarianten kombinieren. Seilschrift ist zart, verspielt und so schön wie ein leichter Windhauch im Sommer. Vergleichst du sie mit der Faux Calligraphy (Seite 31) wird der Unterschied besonders deutlich – beides sind feminine Schreibschriften, aber ein und dasselbe Wort in Seilschrift bzw. Faux Calligraphy geschrieben hat eine ganz andere Wirkung.

1. Bei dieser Schrift ist die Wahl des Papierformats besonders wichtig, weil dein Wort in Seilschrift relativ lang wird.

2. Nimm dein Papier am besten im Querformat, weil diese Schrift nicht nur viel Platz braucht, sondern umso schöner wirkt, umso mehr Platz sie hat.

3. Zeichne dir mit Bleistift eine gerade Hilfslinie über die gesamte Breite deines Blattes vor, das ist quasi dein Seil, auf das deine Buchstaben aufgefädelt sind.

4. Zähle, wie viele Buchstaben dein Wort hat. Unterteile die Hilfslinie, dein „Seil", grob in genauso viele Stücke und markiere die Stellen für die Buchstaben mit einem kleinen Strich oder Punkt. Lasse dabei am Anfang und Ende etwa einen Fingerbreit Platz zum „Ausschwingen" des Seils.

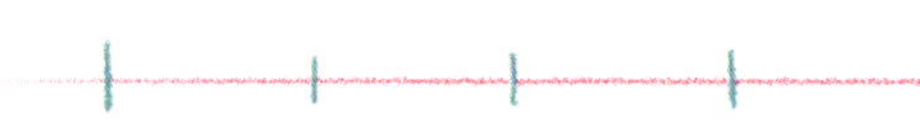

5. Schreibe das Wort in Schreibschrift am besten in einem Zug, ohne abzusetzen (das erfordert etwas Übung, am Anfang am besten mit Bleistift, und schau dir auch gern mein Tutorial auf YouTube dazu an).

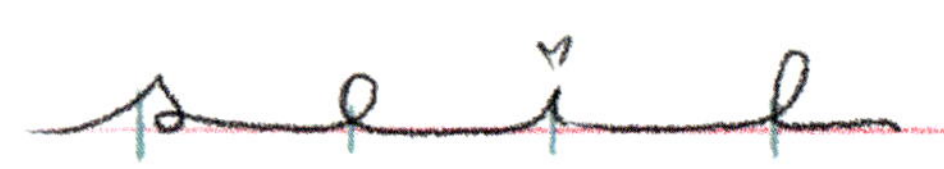

6. Komme dabei nach jedem Buchstaben wieder zurück auf die Seillinie, und fahre sie mit dem Stift bis zur nächsten Markierung, nach bevor, du dort zum nächsten Buchstaben ansetzt.

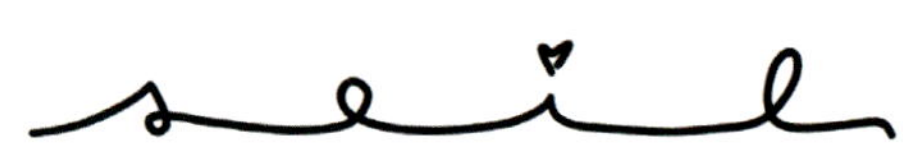

Hier geht's zu meinem Tutorial!

PENS ON!

Skip, skip, hooray – jetzt bist Du dran! Übe dich in der Seilschrift!

skip

skip

hooray

7. Schreibe dabei deine Buchstaben bewusst sehr klein, insbesondere Buchstaben mit Ober- und Unterlängen wie l, h & g.

8. Wenn du etwas geübt in der Seilschrift bist, merkst du, dass du die Buchstaben in einem gleichmäßigen Rhythmus schreibst und, wenn du das Wort beim Schreiben bewusst auseinanderziehst, ganz automatisch relativ gleichmäßige Abstände zwischen den Buchstaben entstehen.

Tipp

Die 4 häufigsten Fehler bei der Seilschrift findest du auch auf meinem Instagram!

Hier geht's zu meiner Darstellung auf auf Instagram!

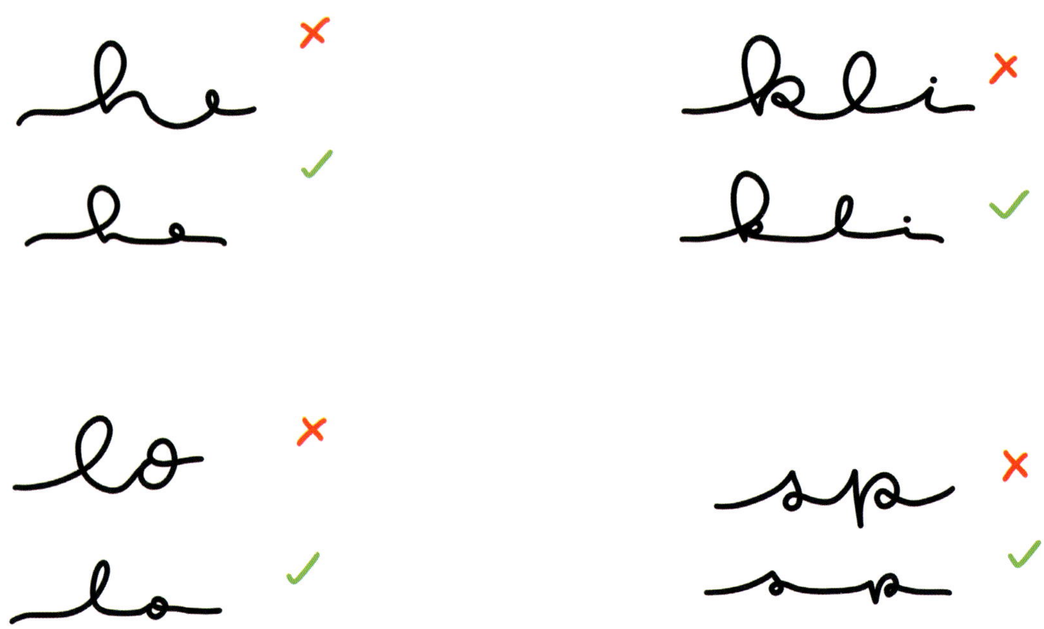

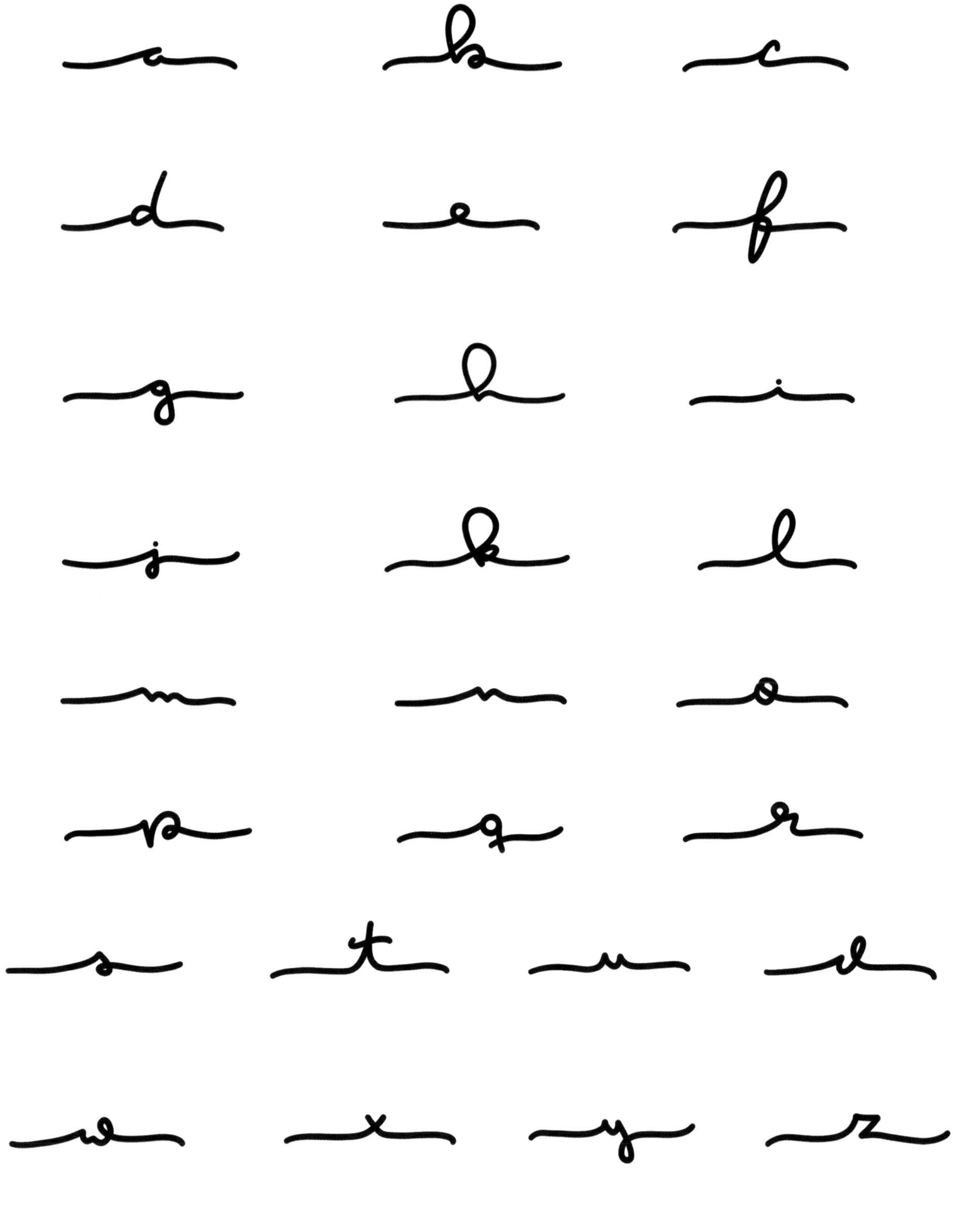
a b c
d e f
g h i
j k l
m n o
p q r
s t u v
w x y z

TAG 22

Brush Hour

Mit Brush Hour stelle ich dir eine lässige und zugleich ungewöhnliche Brushpen-Schrift vor, mit der du deinen Letterings einen ganz besonderen Look verleihen kannst. On top eignet sich Brush Hour auch wunderbar für ein komplettes Lettering!

1. Starte mit ein paar einfachen Großbuchstaben wie F, H oder L und probiere aus, wie sich die Buchstaben verändern, wenn du mehr oder weniger Druck auf den Brushpen gibst.

2. Du kannst z. B. beide Senkrechtstriche beim H als Abstriche mit Druck von oben nach unten schreiben oder aber wie in meinem BRUSH-Alphabet auf Seite 67 den linken H-Strich mit wenig Druck und nur ganz kurz.

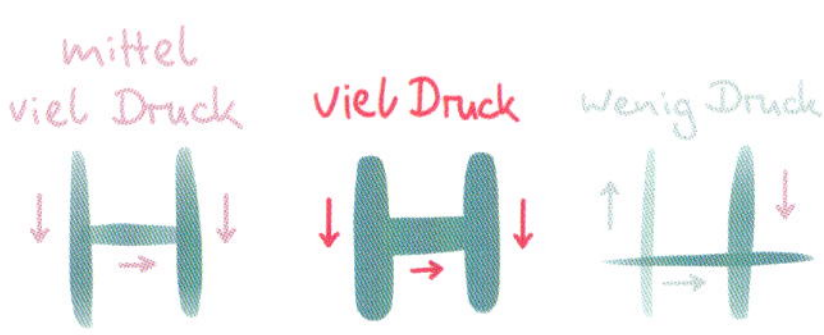

3. Nimm dir jetzt am besten die Vorlage von Seite 67 und schreibe das Alphabet mit einem mittleren bis großen, saftigen Brushpen (z. B. mit dem Edding 1340 Brushpen oder dem Ecoline) nach.

4. Generell gilt: nimm beim Abstrich den Druck nach etwa 2/3 der Strecke raus und beginne im Aufstrich nach 2/3 der Strecke wieder Druck auf den Stift zu geben.

Weiter geht es mit kleinen Druckbuchstaben, hier verfährst du vom Prinzip ganz genauso wie bei den Großbuchstaben.

5. Starte mit ein paar einfachen Kleinbuchstaben wie b, h oder t und probiere aus, wie sich die Buchstaben verändern, wenn du mehr oder weniger Druck auf den Brushpen gibst.

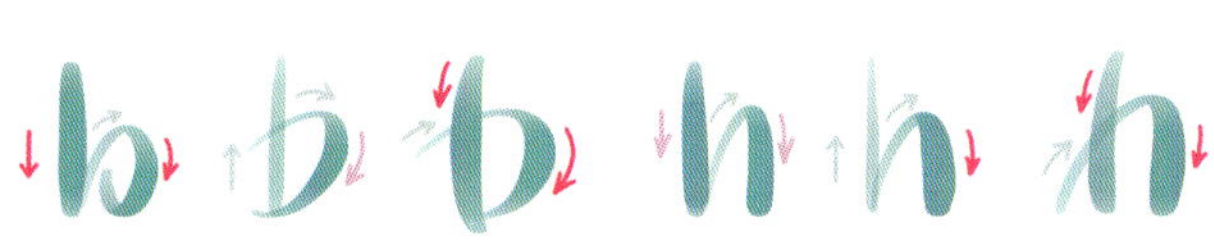

6. Du kannst z. B. beim kleinen b den Senkrechtstrich mit wenig Druck von unten nach oben lettern und viel Druck in den Bogen geben oder aber wie in meinem kleinen BRUSH-Alphabet auf Seite 66 den senkrechten b-Strich mit viel Druck und den Bogen hübsch geschwungen mit Druck ab der Hälfte lettern.

7. Nimm dir jetzt auch hier die Vorlage von Seite 66 und schreibe das kleine Brush-Alphabet mit dem gleichen Brushpen nach wie bei den Großbuchstaben.

8. Dieses kleine Brush-Alphabet ist ein sogenanntes „unverbundenes" Alphabet, d. h., die Buchstaben haben keine Verbindungen – sogenannte Konnektoren – zueinander.

9. Manchmal bietet es sich aber an, einzelne Buchstaben mit einer dünnen Aufstrichlinie zu verbinden, z. B. zwischen m & a oder r & i.

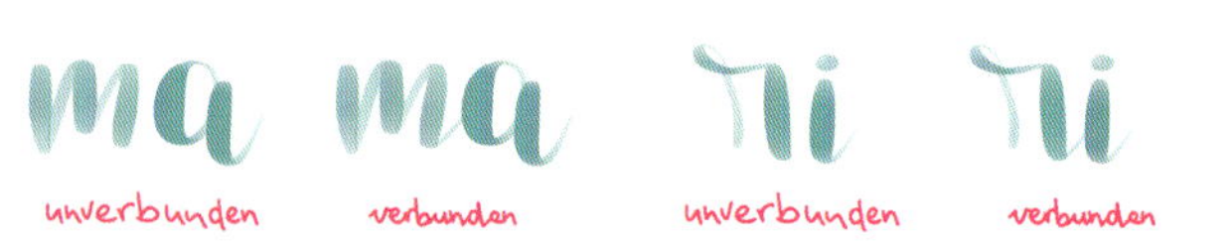

Tipp

Setze für einen tollen 3-D-Effekt graue Schatten außen und weiße Highlights in die Buchstaben

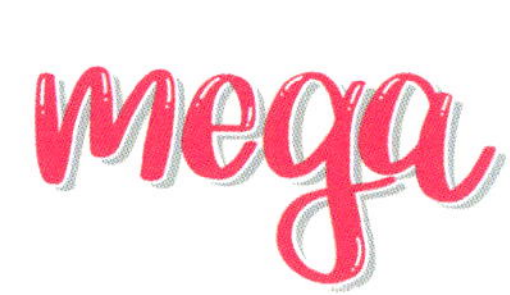

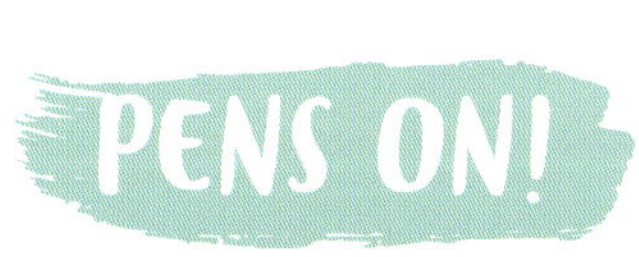

Husch, husch und brush, los geht's: Lettere zum Tagesabschluss den Spruch rechts in Brush Letters.

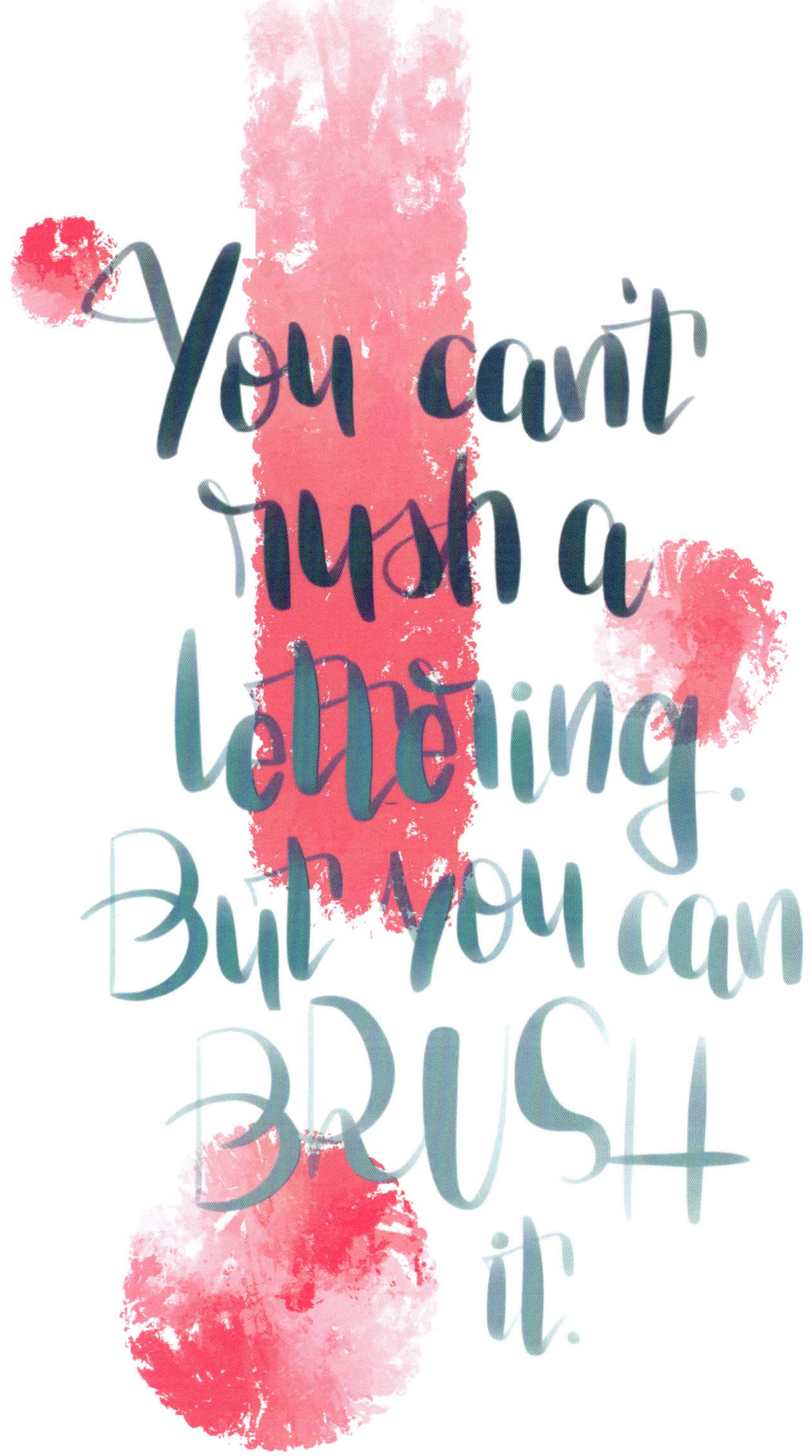
You can't
rush a
lettering.
But you can
BRUSH
it.

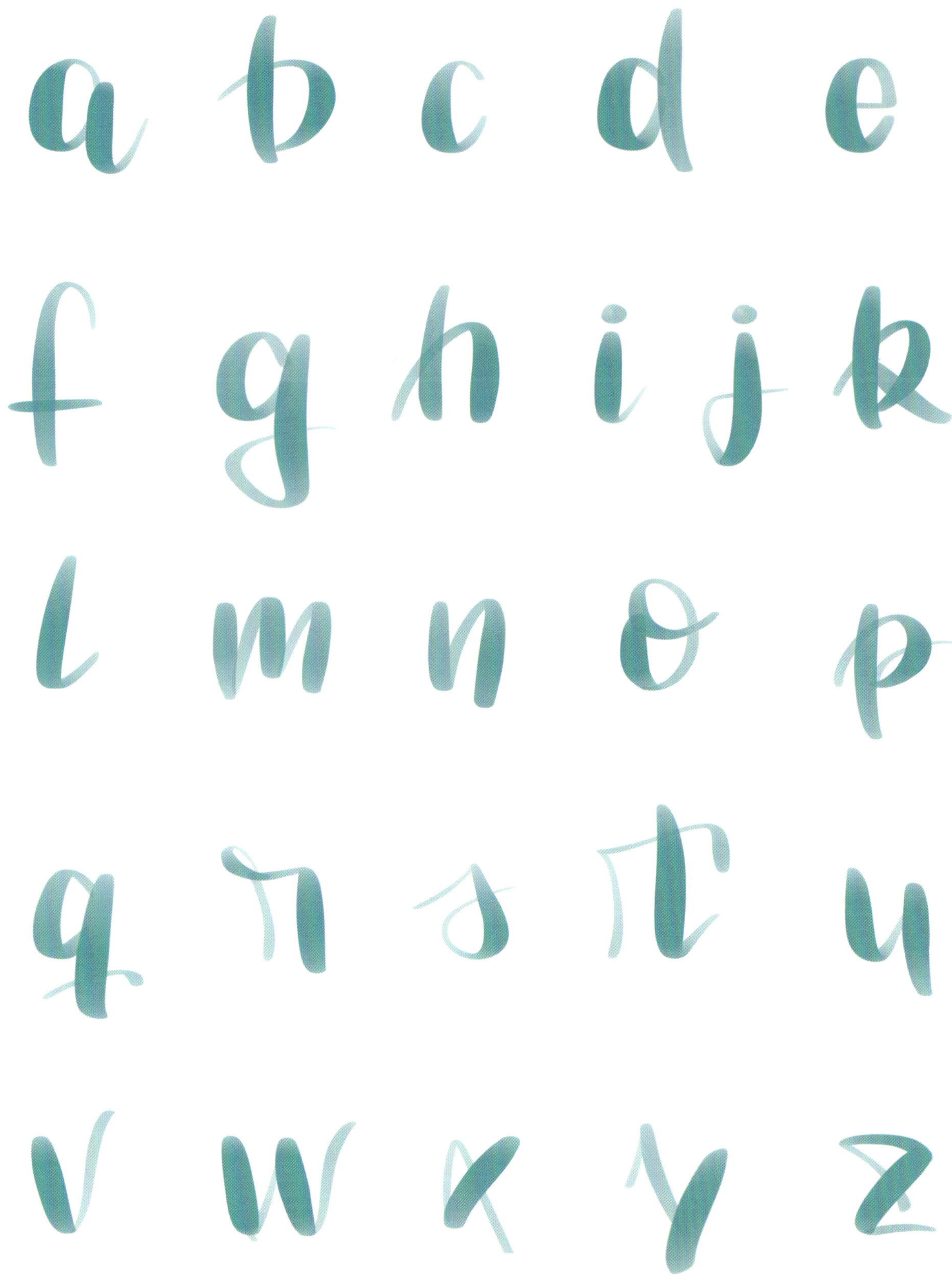
a b c d e
f g h i j k
l m n o p
q r s t u
v w x y z

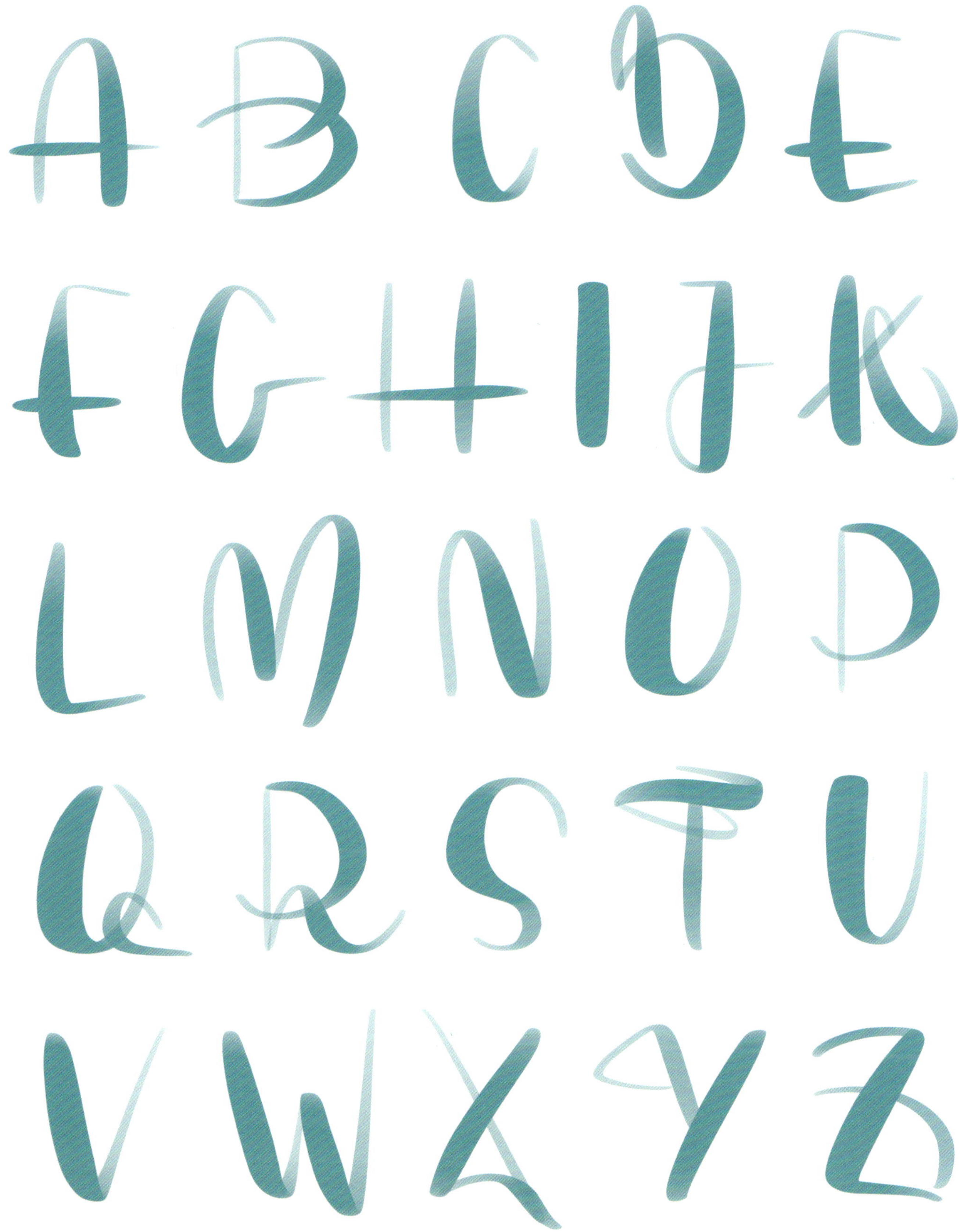
A B C D E
F G H I J K
L M N O P
Q R S T U
V W X Y Z

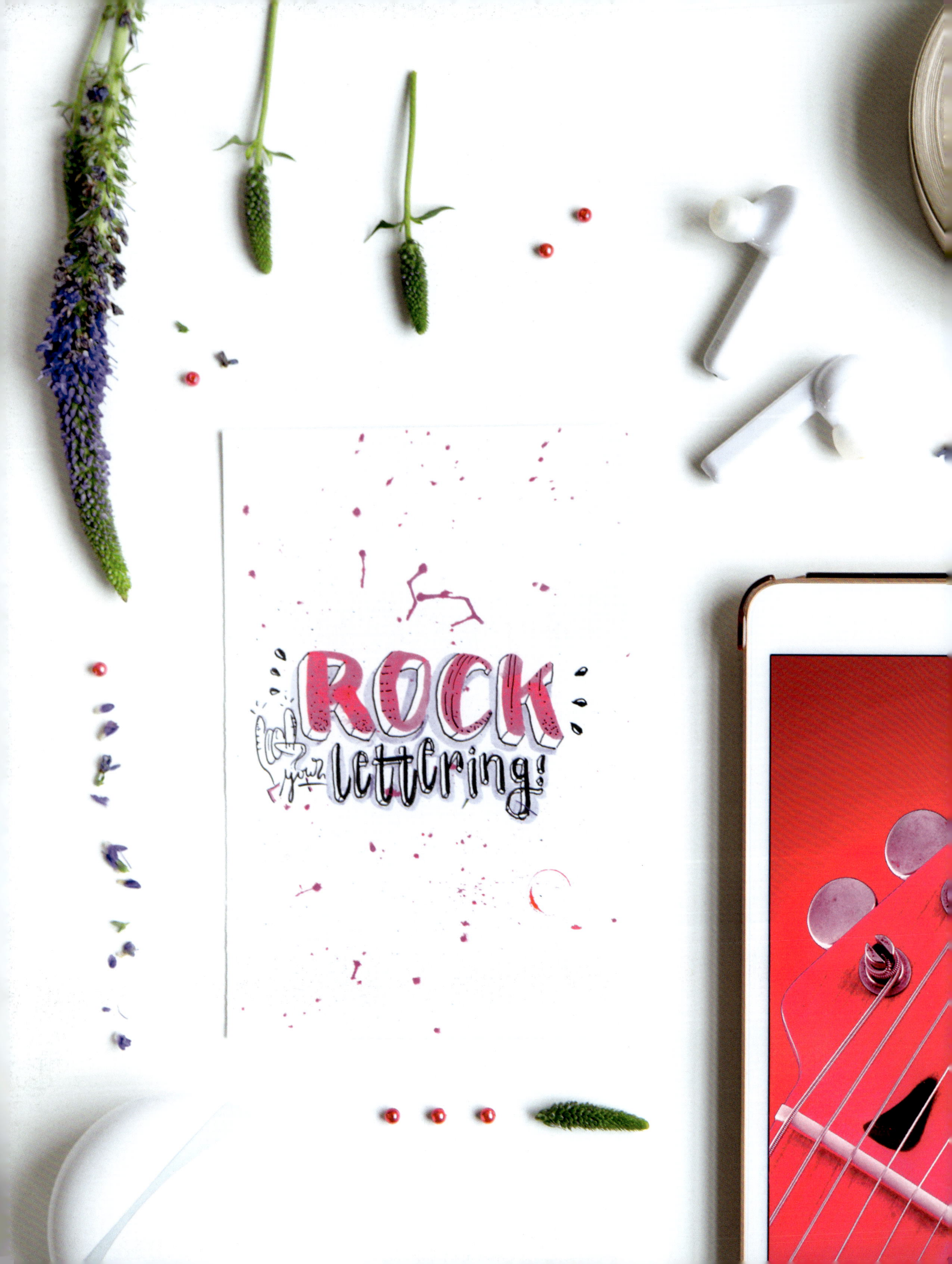
ROCK
your lettering!

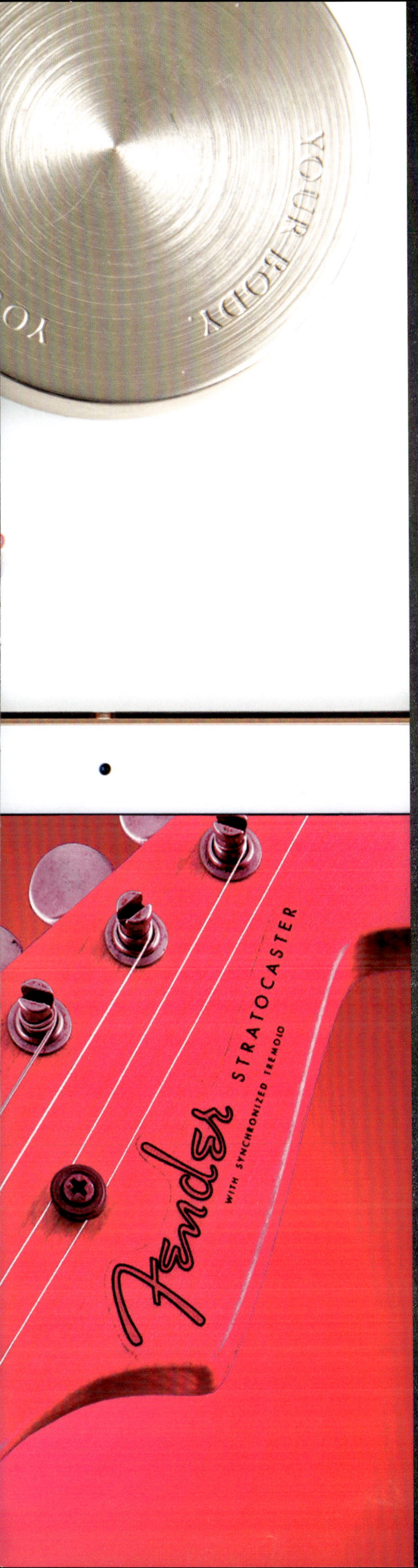

SPECIALS

MACH DICH BEREIT FÜR DEINEN LETTERING-ENDSPURT!

22 Tage, ja ZWEIUNDZWANZIG Tage voller Lettering Practice und jeder Menge Buchstabenspaß liegen hinter uns! In den ersten Tagen ganz easy eingestiegen mit deiner eigenen Druckschrift haben wir u. a. die Technik des Loose Letterings entdeckt, Serifen aufs Blatt „gehämmert" (okay, eher zart gestrichelt), Outline- und geometrische Buchstaben kreiert, in die Trickkiste mit der Faux Calligraphy gegriffen, mit Schwung & Attitude gelettert, die Brushpens glühen lassen und in den letzten 7 Tagen jeden Tag ein neues Lettering-Alphabet kennengelernt und damit einen coolen Spruch gelettert!

Das Beste kommt allerdings zum Schluss, und das ist genau jetzt! In den letzten 8 Tagen deines Hand-Lettering-Workshops weihe ich dich in die hohe Kunst des Lettering-Layouts und der Lettering-Komposition ein (zugegeben – so hoch ist die Kunst gar nicht und ich erkläre es dir so einfach, dass du dich danach fragen wirst, warum alle immer so ein großes Fragezeichen bei diesem Thema haben). Außerdem mixen wir meine liebsten Lettering-Stile und designen daraus eine sehr coole „quick & easy"-Lettering-Variante – du wirst sie lieben! Zum krönenden Abschluss wirst du dein erstes eigenes Letter Pattern kreieren – eine Blattseite gefüllt mit schönen, handgemachten Buchstaben in allen Lettering-Stilen, die du in den letzten 30 Tagen gelernt hast. Das ist ein echtes Highlight und ich verspreche dir, dass es ein echter Hingucker wird!

Es könnte übrigens gut sein, dass du nach dem letzten „Pinselstrich" einmal aufspringen und laut „Yes, yes, yes!" rufen musst, weil du dein Letter Pattern so cool findest und weil du ohnehin sicher schon dem Lettering-Fieber verfallen bist. Und weil Lettering einfach glücklich macht! Das ist wie mit den Schuhen.

TAG 23-26

Lettering Design & Layout

Design your Lettering! Wenn du mit dem Hand Lettering beginnst, wirst du eine Zeit lang erst einmal einzelne Worte lettern. Nach und nach kommen dann kurze Sprüche und Sätze hinzu. Manche Schrift-Styles, wie z. B. die magische Schattenschrift (Tag 19), eignen sich außerdem besonders gut für ein Lettering mit nur einem zentralen Statement-Wort, nicht aber für längere Sprüche. Nach ein paar Wochen wirst du allerdings an den Punkt kommen, wo du dein erstes größeres Lettering designen möchtest – das kann ein längerer Spruch mit mehreren Zeilen sein, ein Stück aus einem Songtext oder ein kurzes Gedicht. Es stellt sich also die Frage, wie du ein gutes Lettering aufbaust, bzw. die Frage nach einer Vorlage für deine Lettering-Komposition, einem sogenannten Lettering Grid (= Raster).

Zuerst die schlechte Nachricht (aber danach kommt gleich die gute!):

Es gibt zum Thema Lettering-Komposition ganz viel Theoriewissen und ich könnte dir jetzt lang und breit erklären, wie man ein Lettering typografisch korrekt aufbaut. Dabei heißt „ganz korrekt", dass wir z. B. darüber sprechen, wieso ein R nicht nach vorn kippen sollte, warum runde Buchstaben wie C oder O theoretisch immer einige Millimeter, ja genau MILLIMETER!, größer sein müssen als ein gerader Buchstabe des gleichen Schriftstils und was das beste Verhältnis zwischen Ober- & Unterlängen ist. Danach könnten wir dann langsam mit dem eigentlichen Aufbau beginnen, über Zeilenabstände, Wortformen und negative space sprechen.

Die gute Nachricht ist:

Das musst du alles gar nicht wissen, um ein großartiges Lettering zu komponieren! Vergiss die Frage nach dem perfekten Lettering Design einfach und fange an, auf dein Gefühl zu hören und deinem Auge zu vertrauen. Natürlich lass ich dich damit nicht allein und gebe dir gleich meine besten Tipps, wie du ohne langweiliges Lettering-Theorie-Bücher-Wälzen ein gutes Lettering designst und ganz nebenbei lernst, deiner Intuition zu vertrauen.

Für die Probeskizzen benötigst du Bleistift und normales, günstiges Druckerpapier, die Originalskizze für dein Lettering machst du später auf dem entsprechenden Lettering-Papier mit Bleistift, die Reinzeichnung dann mit deinen Lieblingsstiften bzw. den für dein Lettering passenden Stiften.

1. Überlege dir zuerst, wo du dein Lettering auf dem Blatt platzieren möchtest, also z. B. zentriert oder bewusst rechtsbündig am unteren rechten Rand.
2. Plane jetzt dein Lettering grob, indem du für jedes Wort eine Box als einen Platzhalter vorsiehst, in die du später die Buchstaben schreibst.
3. Verteile alle Elemente deines Letterings, d. h. die Boxen, auf dem Blatt, um eine Vorstellung deines Letterings zu bekommen.
4. Variiere dabei die Form der Box entsprechend, z. B. wenn du ein Wort in Form eines Bogens oder schräg zulaufend lettern möchtest.
5. Für Füllwörter wie „und" oder Artikel bietet es sich oft an, Kreise oder Ovale statt eckiger Boxen als Platzhalter zu verwenden.
6. Fertige jetzt 2–3 kleine Skizzen mit verschiedenen Varianten deines Letterings an, sie können ruhig kleiner als das Original sein, damit du schnell verschiedene Anordnungen bzw. Layouts ausprobieren kannst.
7. Skizziere dabei die Worte in losen Buchstaben (mit mehreren lockeren Bleistiftstrichen wie auf Seite 26).

8. Halte das Blatt eine Armlänge entfernt vor dich und schau, ob es so für dich passt oder ob dich irgendetwas stört, weil wenn es für dich passt, ist es schon mal gut.

9. Entscheide dich für eine Variante und skizziere diese jetzt in der richtigen Größe auf dein Lettering-Papier.

10. Schau dir diese Skizze auch aus einiger Entfernung an, passt alles für dich? Prima! Dann kannst du jetzt die Reinzeichnung machen und die Bleistiftskizze anschließend wegradieren (Achtung: kurz trocknen lassen wegen Verschmiergefahr!).

Tipp

Auf meinem YouTube Channel findest du außerdem ein ausführliches Tutorial zum Thema Lettering-Komposition und Layout!

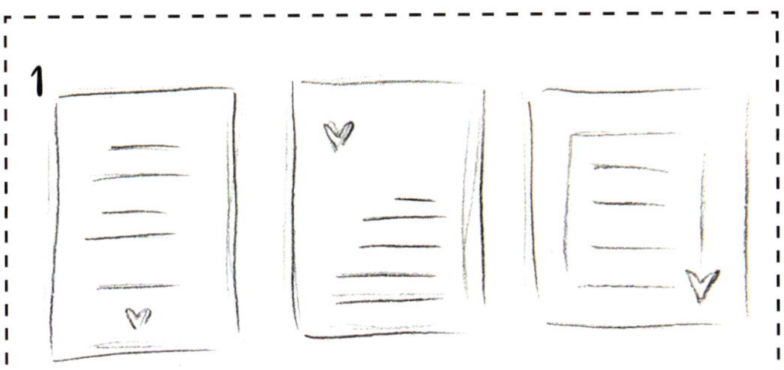

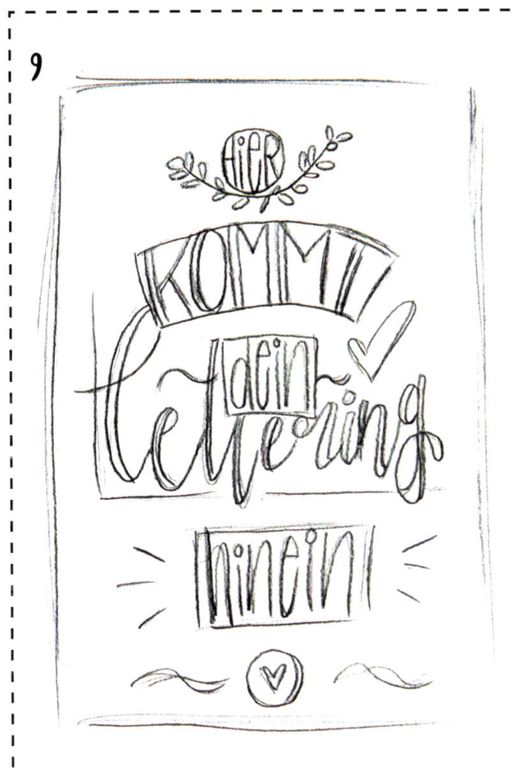

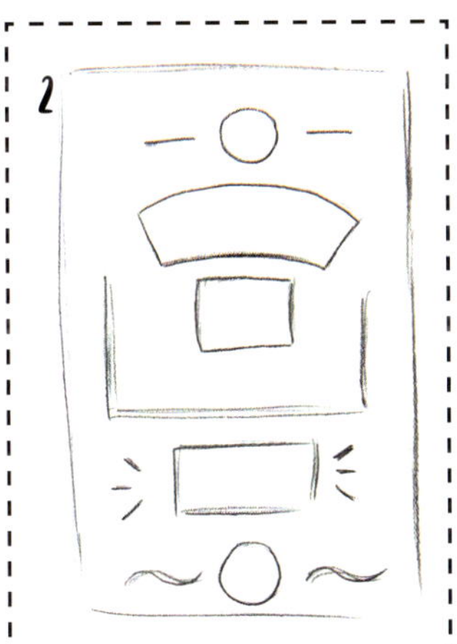

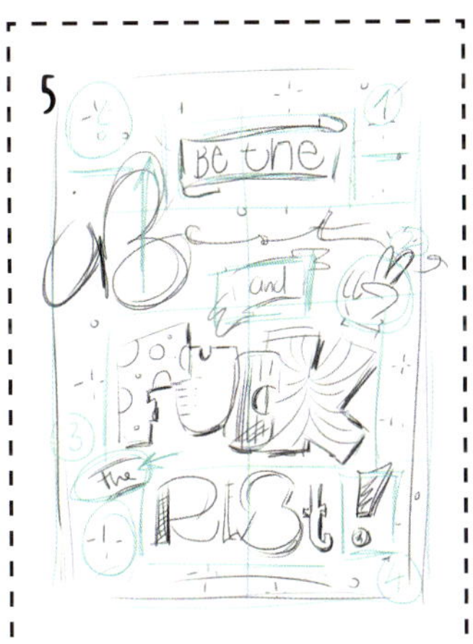

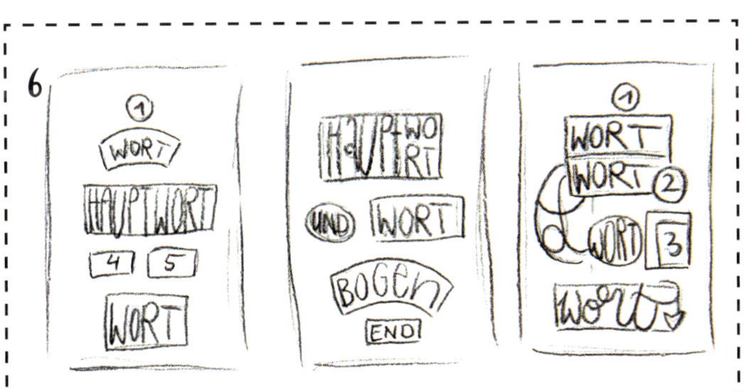

PENS ON!

TAG 23:

Nimm dir die folgenden beiden kurzen Lettering-Sprüche und fertige für jedes 2 kleine unterschiedliche Probeskizzen an: Choose Happy! und Girls just wanna have sun.

TAG 24:

Entscheide dich für eine der 4 Varianten, die du gestern skizziert hast, mache eine Skizze in Originalgröße und anschließend das Lettering komplett fertig.

PENS ON!

TAG 25:

Mache für einen meiner Lieblingssprüche (alternativ kannst du natürlich auch gern deinen Lieblingsspruch nehmen) 2–3 kleine Probeskizzen:

A smooth sea never made a skilled sailor.

Entscheide dich danach für eine Variante und fertige die Skizze in Originalgröße auf deinem Lettering-Papier an.

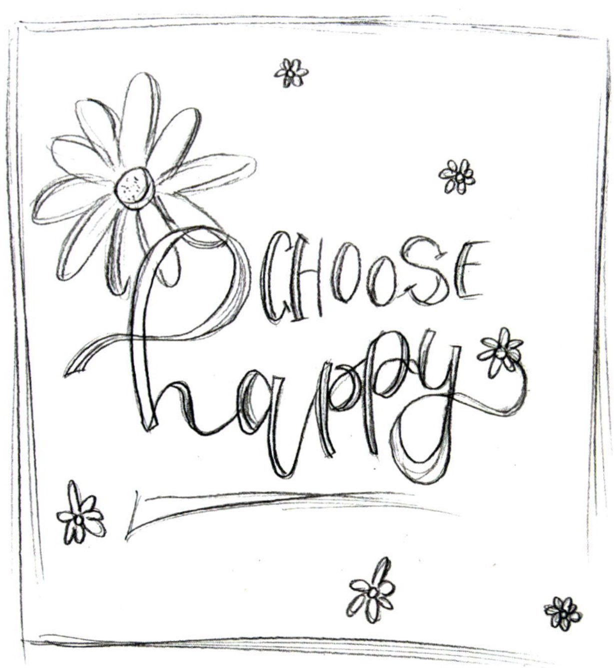

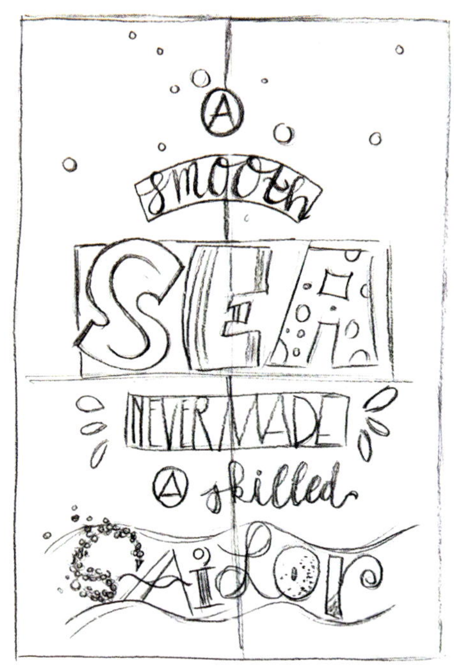

PENS ON!

TAG 26:

Heute geht es an die Reinzeichnung, ans Kolorieren und Dekorieren: stelle heute dein „Smooth Sea"-Lettering komplett fertig und gib ihm den letzten Schliff. Gern darfst du es zum Schluss noch mit passenden maritimen Deko-Elementen ausschmücken.

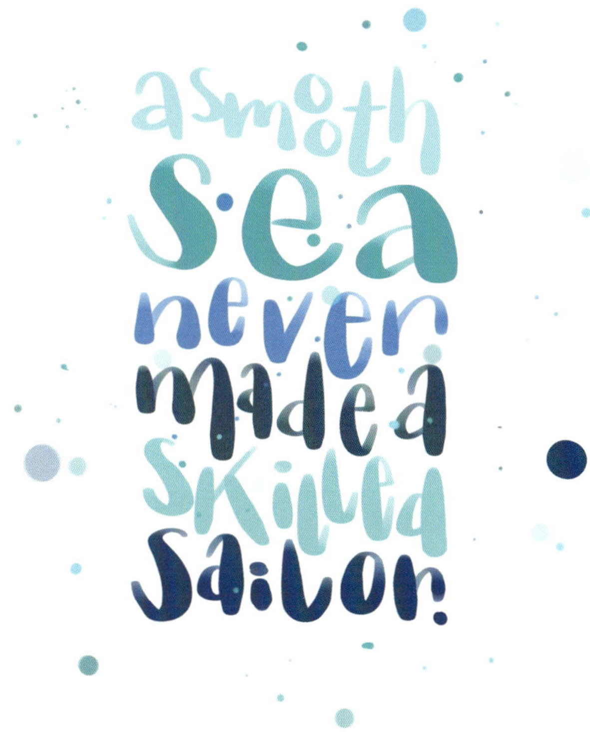

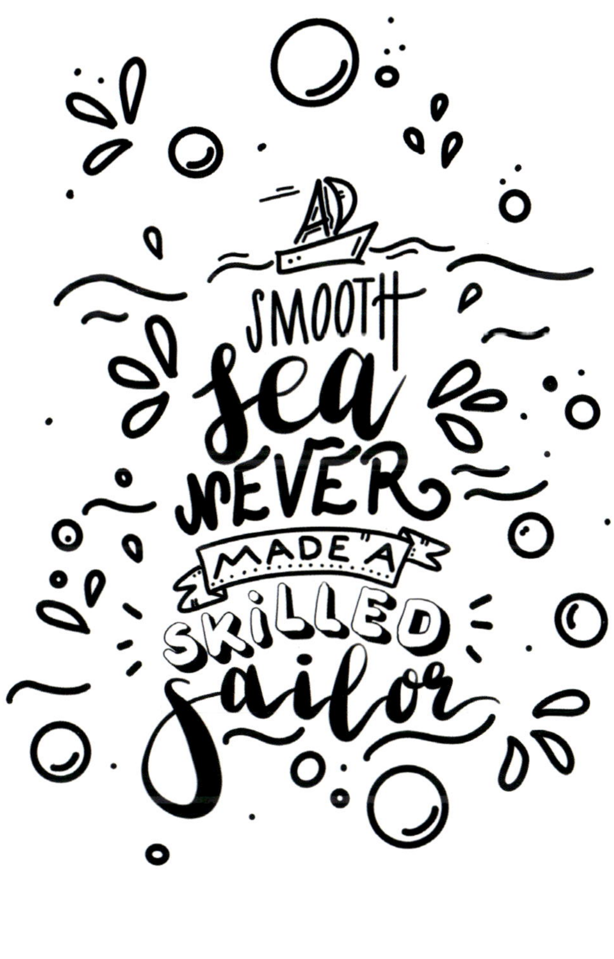

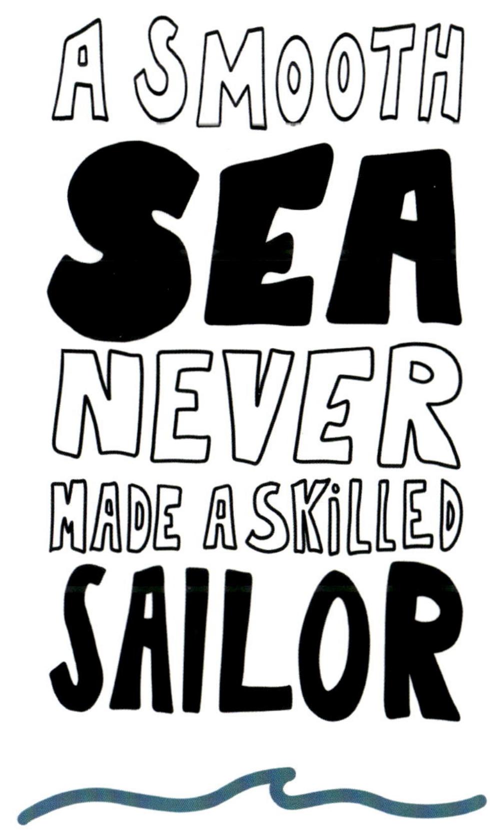

TAG 27

Mix It

Mix it, Baby! Heute stelle ich dir eine großartige Methode vor, um mühelos neue Letterings zu designen bzw. neue Schriftarten zu kreieren. Dabei mischen wir immer zwei sehr unterschiedliche Lettering-Stile. Diese Art, ich nenne sie Combinatione, eignet sich weniger für große Sprüche-Letterings, aber hervorragend für Statements und besonders lange Worte, die du sonst nur schwer auf dein Blatt bekommst. Durch das Mixen zweier Stile kannst du Combinatione für viele verschiedene Anlässe einsetzen und mit tollen Hintergründen kombinieren. Combinatione, combinatione eben.

1. Überlege dir zuerst ein längeres Wort, welches du gut in 2 Teile teilen kannst, oder ein Statement, das aus 2 Worten besteht, z. B. FrühlingsGEFÜHLE, WinterWUNDERLAND, MODERN Lettering oder LICHT & Letters.
2. Wähle 2 unterschiedliche Schriftarten aus, am besten eine Outline-Schrift, wie Graffiti Letters oder breite Brush-Buchstaben, und als Zweites eine zarte Schreibschrift.
3. Lettere das kürzere Wort lose in dicken Outline-Buchstaben, setze kontrastreiche Schatten und koloriere die Buchstaben, wenn du magst.
4. Schreibe das zweite Wort in Schreibschrift direkt über deine Outline-Buchstaben (Achtung: ggf. vorher trocknen lassen, falls du mit sehr saftigen Brushpens oder Aquarellfarbe koloriert hast!).
5. Am besten probierst du es vorher mit Bleistift aus, um sicherzugehen, dass das Schreibschriftwort ungefähr mittig auf deinen Outline Letters steht.
6. Eine besonders schöne Kombination ist zarte Seilschrift über coolen Graffiti Letters.
7. Dress up your letters: Fülle deine Outline-Buchstaben erst jetzt mit Mustern, um sicherzustellen, dass man den Schreibschrift-Schriftzug noch erkennt. Gut eignen sich kleinere Muster wie Pünktchen oder Strich-Punkt-Linien und halb gefüllte Buchstaben.
8. Gestalte den Hintergrund deines Letterings mit Farbeffekten z. B. mit einem Brushpen, Sprühflasche, Watercolor oder Zahnbürste.

Tipp

Du kannst Combinatione natürlich nicht nur für zusammengesetzte Substantive verwenden, sondern für zwei völlig beliebige Wörter, wie z. B. „Frohe Weihnachten“.

PENS ON!

Lass uns heute gemeinsam das Wort „HAND Lettering“ im Combinatione-Stil lettern wie auf deinem Buch-Cover mit HAND in coolen Outline-Buchstaben und Lettering in Schreibschrift darüber. Super EASY (direkt ein weiteres tolles Combinatione-Wortpaar übrigens)!

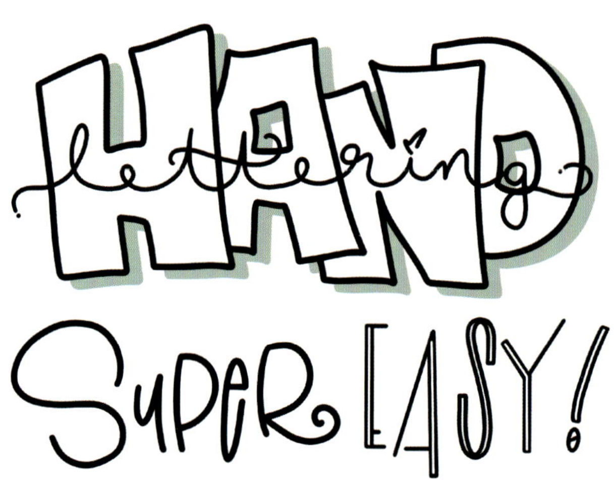

TAG 28

Divided Letters

Words divide, lettering unites. Wir trennen jetzt allerdings nicht nur Worte, sondern sogar ganze Buchstaben, vereinen sie anschließend aber zu einem coolen Lettering. Mit dem Prinzip der Combinatione aus dem vorherigen Kapitel kannst du im Handumdrehen hübsche „quick & easy"-Letterings für jeden Anlass aufs Papier zaubern.

Alles, was du brauchst, ist ein Brushpen mit großer Spitze, z. B. der Tombow ABT Dual, einen schwarzen Pigmentliner und Masking Tape (alternativ geht auch Malerkrepp) und schon kann's losgehen.

1. Klebe ein Stück Masking Tape in die Mitte deines Blattes, wähle dabei die Länge des Streifens mindestens so lang, wie später die Breite deines Letterings werden soll.

2. Schreibe mit dem Brushpen das Wort „BRUSH" in Großbuchstaben in die Mitte deines Blattes über das Masking Tape drüber.

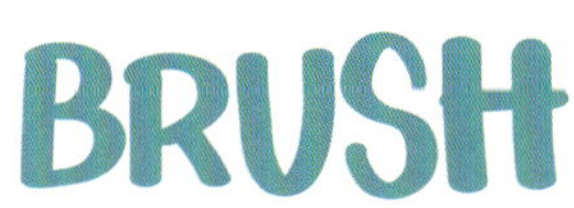

3. Füge Spritzer, Klekse und kleine Hintergrundelemente wie von Tag 15 hinzu, wenn du magst, und lass alles kurz trocknen.

4. Entferne vorsichtig das Masking Tape und deine Brushpen-Buchstaben sind automatisch in der Mitte geteilt.

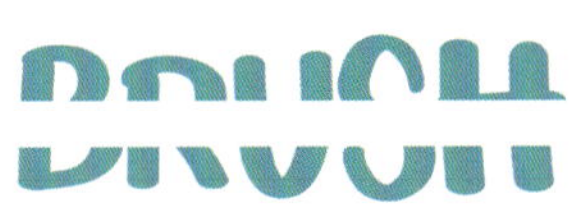

5. Schreibe mit einem Pigmentliner (ich habe den Staedtler Pigmentliner in Stärke 1.0 mm benutzt) das Wort „hour" in Seilschrift mittig auf den freien Streifen, der durch das Abkleben mit dem Masking Tape entstanden ist.

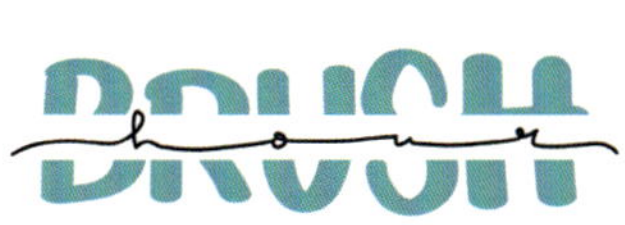

Tipp

Eine wirklich schöne Möglichkeit für ein schnelles Lettering, z. B. für eine Last-Minute-Dankeskarte, das trotzdem ein echter Hingucker ist! Gleiches Prinzip, aber eine Ecke schwieriger wird das Ganze, wenn du statt Brush-Buchstaben Outline Letters für dein „divided word" nimmst.

PENS ON!

Lettere GeburtstagsPARTY und SommerLIEBE in Divided Letters. Schreibe dabei das Wort PARTY bzw. LIEBE in großen Druckbuchstaben mit dem Brushpen, Geburtstag bzw. Sommer in einer Schreibschrift in den durch das Masking Tape entstandenen Zwischenraum.

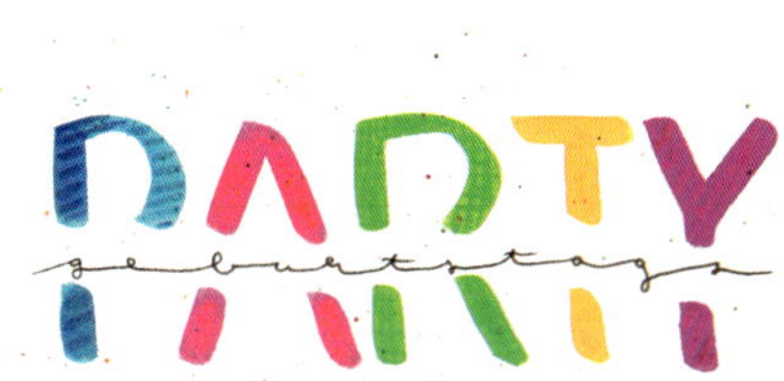

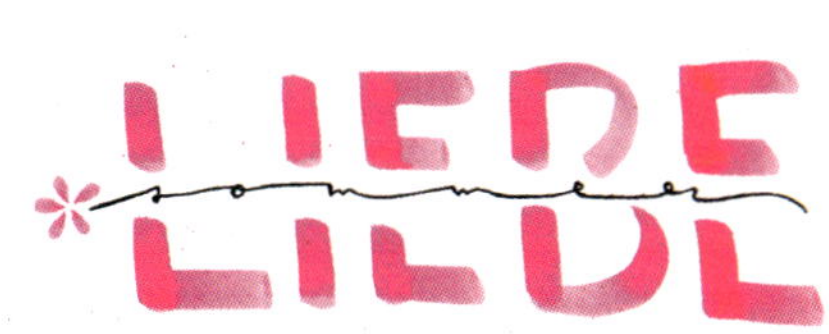

TAG 29-30

Letter Pattern

Letter Pattern – zum Schluss wartet noch ein wahres Feuerwerk an Buchstaben und Lettering Style Power auf dich! Wir nähern uns nämlich mit großen Schritten dem Ende deines 30-Tage-Hand-Lettering-Workshops. In den letzten 28 Tagen haben wir eine ganze Menge verschiedener Schriftarten und Lettering Styles zusammen entdeckt und viele tolle Sprüche & Buchstaben geletttert. Ziemlich cool, oder? Aber das Allerbeste haben wir uns zum Schluss für das große Finale aufgehoben: dein eigenes Letter Pattern!

Ein Letter Pattern, ein Buchstaben-Muster also, ist eine Seite, die komplett mit Worten in unterschiedlichen Lettering Styles gefüllt ist. Dabei hat dein Letter Pattern immer ein bestimmtes Thema, z. B. eine Stadt, oder eine Jahreszeit oder etwas, dass dich z. B. gerade beschäftigt.

Am besten lassen sich Letter Pattern mit Pigmentlinern lettern, insbesondere wenn du später Farbe einsetzen möchtest. Alternativ gehen aber auch Fineliner oder normale Filzstifte. Für Worte im Brush Lettering Style empfiehlt sich natürlich ein Brushpen oder ein Pigementliner für die Faux Calligraphy. Für den Anfang empfehle ich dir ein A5-Blatt zu nehmen. Darauf kannst du gut die Styles aus diesem Buch lettern und es dauert nicht so lange wie mit einem A4-Blatt bis es komplett mit Worten gefüllt ist.

1. Wähle zuerst ein Thema für dein Letter Pattern z. B. „Lettering“ und schreibe es in einer coolen Schrift in die Mitte deines Blattes.
2. Überlege dir anschließend passende Begriffe zu deinem Thema: für das Themenwort „Lettering“ könnten das z. B. typische Begriffe wie Stifteliebe, Brushpen, Papier, Worte, mit Schwung, Graffiti Letters usw. sein.
3. Fülle nun dein Blatt komplett, indem du die Worte rundherum um dein Thema in der Mitte letterst.
4. Nutze dafür am besten mehrere verschiedene Lettering Stile und variiere die Buchstaben in Größe und Breite.
5. Trau dich hier ruhig dein Letter Pattern direkt „ins Reine“ zu zeichnen – unperfekte Buchstaben, grammatikalisch nicht korrekte Silbentrennung deiner Wörter und der Schriftstil-Mix machen den ganzen Charme des Letter Patterns aus!

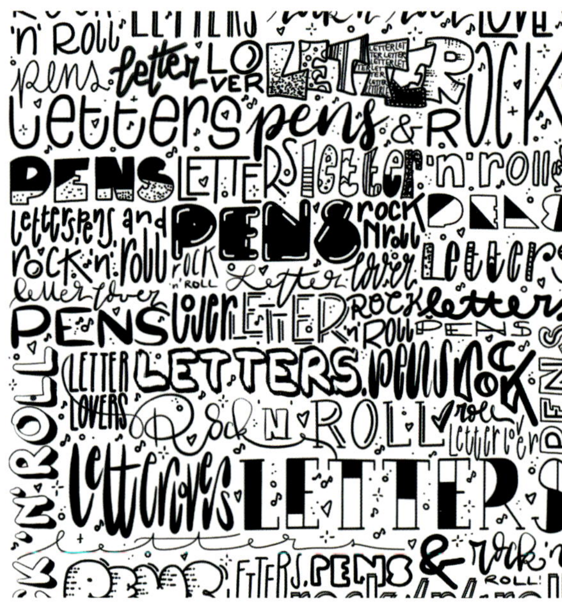

Tipp

Statt passende Begriffe zu deinem Themenwort zu suchen, kannst du alternativ dein Blatt nur mit dem Themenwort in allen möglichen Lettering-Stilen füllen, wie in meinem „Letter Lovers“-Beispiel rechts. Ich persönlich finde ein Letter Pattern in Schwarz-Weiß am schönsten, weil schon „viel los“ ist auf deinem Blatt. Probiere es aber ruhig mal mit einer oder mehreren Farben aus und entscheide, was dein Favorit ist.

Hier geht es zum Zeitraffer Making-Of auf meinem YouTube Chanel!

Spread creativity like it's confetti

Unsere beiden letzten Workshop Tage werden wir natürlich deinem ersten eigenen Letter Pattern widmen!

PENS ON!

TAG 29:

- Überlege dir ein Themenwort für dein Letter Pattern, z. B. „Letter Lovers“.
- Sammle verschiedene passende Begriffe zu deinem Themenwort (bei Letter Lovers könnten das z. B. Begriffe wie Alphabet, Bleistift, Skizze, Muster, Brushpens, Hand Lettering usw. sein).
- Schreibe jeden Begriff auf einen Zettel, den du beim Lettern neben dein Blatt legst.
- Überlege dir jetzt, welche Schrift-Styles du verwenden möchtest, und lettere deine Begriffe und ggf. noch ein paar Probewörter im jeweiligen Style.
- Jetzt ist alles vorbereitet für dein Letter Pattern, das wir morgen lettern werden.

PENS ON!

TAG 30:

- Wenn du dein Letter Pattern nicht direkt ins Reine lettern möchtest, führe die folgenden Steps zunächst mit Bleistift aus.
- Lettere dein Themenwort in einem auffälligen Lettering Style, wie z. B. Loose Graffiti Letters (Seite 56) oder Divided Letters aus dem vorherigen Kapitel in die Mitte deines Blattes.
- Fülle dein Blatt nach und nach mit den assoziierten Begriffen in verschiedenen Lettering Styles, Schriftgrößen und -breiten.
- Fülle zum Schluss dein Letter Pattern noch mit Mini-Icons wie Herzchen, Noten, Sternchen, Kreisen und Punkten auf, wenn du magst.
- Komm in einen richtigen Lettering Flow & enjoy!

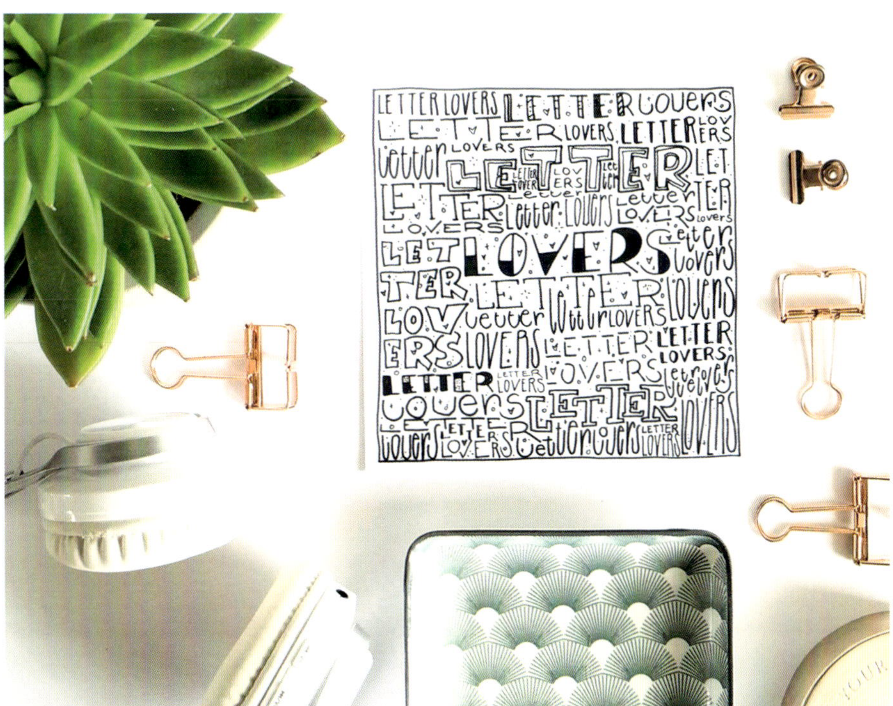

Damit endet also unsere gemeinsame Hand-Lettering-Workshop-Zeit! Ich könnte mir kein schöneres Ende als dein erstes eigenes Letter Pattern dafür vorstellen und würde mich freuen, wenn du Lust hast, mir dein Letter Pattern auf Instagram (mit @lichtandletters taggen, damit ich es auch finden und mich freuen kann!) oder in unserer Lettering Facebook Gruppe „Letters, Pens & Rock‘N‘Roll“ zu zeigen.

Ich hoffe sehr, dass dich das Hand-Lettering-Fieber durch diesen Workshop so richtig gepackt hat und du dranbleibst! Und vielleicht bereits mit einem Bein auf dem Weg ins nächste Stiftegeschäft bist. ;-)

Über die Autorin

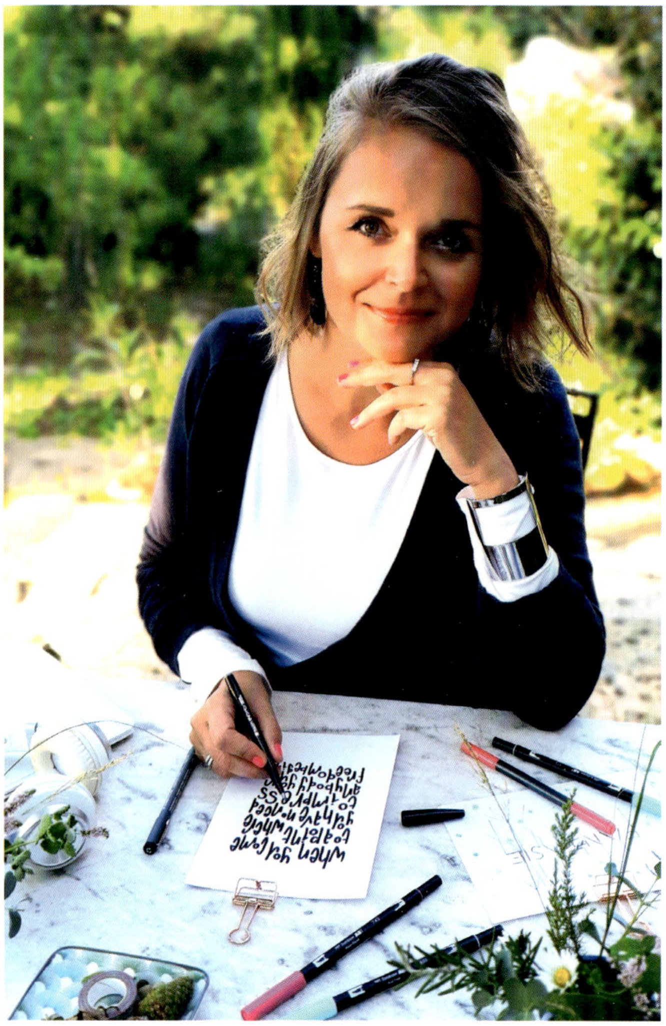

Christine Aust ist Lettering Artist und Visualisierungscoach und lebt zusammen mit ihrem Mann und ihrer Straßenhündin in Zeeland. Ursprünglich hat sie Wirtschaftsmathematik studiert und kam während ihrer Promotion in den USA zum ersten Mal mit Sketchnotes in Berührung, wo ein Graphic Recorder live einen Vortrag visualisierte. So wurde sie vom Visualisierungsfieber gepackt und arbeitete zunächst für einen großen Modekonzern und später selbstständig als Sketchnoterin. Dabei fand sie von Anfang an die verschiedenen Schriften und Buchstabenformen spannender als die Icons, sodass sie sich nach und nach immer mehr auf die Kunst des „Schöne-Buchstaben-Machens" spezialisiert hat.

Wo früher für die promovierte Statistikerin Zahlen im Mittelpunkt standen, bringt sie heute mit ihrer lässig-modernen Art frischen Wind in die internationale Lettering-Szene. Unter ihrem Label „Lichtandletters" (abgeleitet von ihrem Mädchennamen „Licht" und ihrer Letterliebe) designt sie einzigartige, von Hand gezeichnete Buchstabenkunstwerke und inspiriert ihre mittlerweile über 10.000 Fans & Friends auf Instagram & Co. mit ihren kreativen Letterings.

Lettering Lernen mit Leichtigkeit und einer Prise Rock'n'Roll sind das Motto ihrer beliebten Workshops, in denen sie ihre Begeisterung für die handgemachten Buchstaben teilt und dazu einlädt, mit ihr zusammen in die wunderbare Welt des Modern Letterings einzutauchen.

Darüber hinaus möchte sie ganz besonders auch mit diesem Buch zeigen, dass Hand Lettering noch so viel mehr ist als nur die typischen, romantisch geschwungenen Schreibschriftbuchstaben und ihre LeserInnen mit ihrer Lettering-Liebe inspirieren, selbst kreativ zu werden.

Neben ihrer kreativen Arbeit schlägt ihr Herz für lange Strandspaziergänge mit dem Hund, frische Blumen, außergewöhnliche Tee-Sorten und Interior Design.

Folge Tini:

Instagram: @lichtandletters

Facebook: @lichtandletters

FB-Gruppe: Letters, Pens & Rock'N'Roll

YouTube: youtube.com/lichtandletters

Web: www.lichtandletters.com

Dank

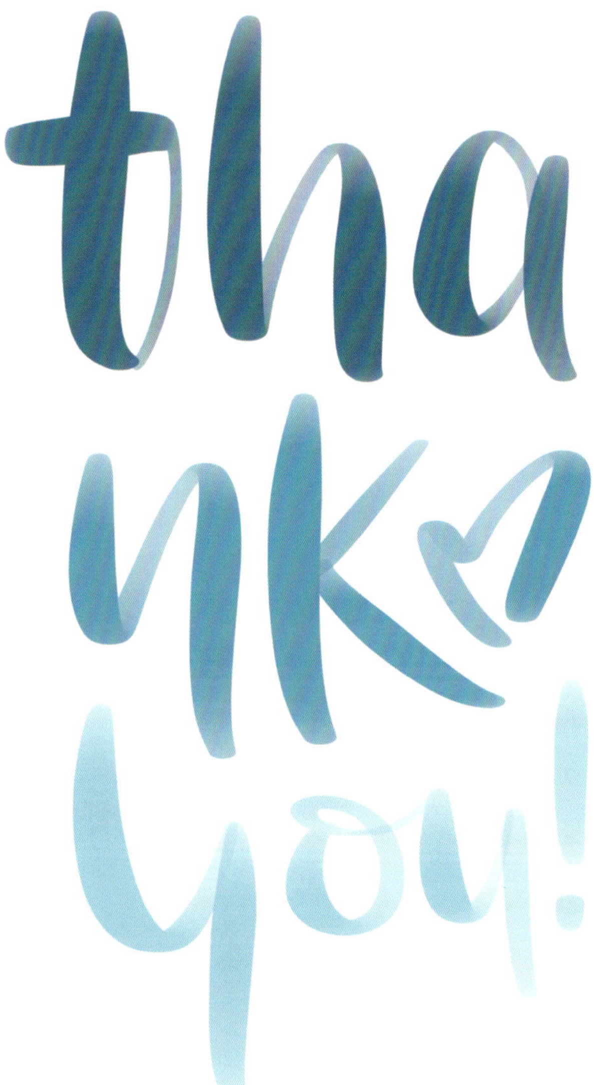

Als Buchautorin ist das hier dein ganz persönlicher Oscar-Moment: DU hast es geschafft, einen Buchvertrag zu bekommen, hast dieses Buch mit deinem ganzen Wissen, deiner Personality, Herzblut und … oh, es fängt schon an mit den typischen Oscar-Rede-Floskeln ;-) geschrieben und darfst endlich die Dankesrede halten. Und dann passiert was?

Du hast dich Anfang 2020 auf eine Reise begeben – 12 Monate in 12 Ländern, (er)leben und arbeiten. Dann kam #fckcorona, eine weltweite Pandemie, Lockdown. Gewissermaßen gestrandet in einem kleinen Häuschen in den Bergen hoch über St. Tropez (Oscar-reif muss es schon sein ;-)) mit echt miesem Internetempfang hast du im Herbst 2020 den Buchvertrag unterzeichnet und angefangen dieses Buch zu schreiben.

Dort gab es keine Familie & Freunde, die dich motivieren, wenn du mal ein Down hast, dich ablenken, zum Lachen und dir Kuchen und Schokolade bringen, schwierige Passagen mit dir diskutieren, dich auf gute Ideen bringen und dir von dem, was Alltag heißt, den Rücken frei halten.

Dort gab es nur einen Mann, nämlich meinen ganz wundervollen, der alles das und noch viel mehr für mich (und somit dieses Buch) getan hat. Und dafür allein hat er ein Oscar-reifes unendlich großes DANKESCHÖN verdient!

Ohne meine großartige Lektorin Franziska Klorer, die mich immer ganz wunderbar supportet hat, den EMF-Verlag, der an mich, meine Lettering Skills und meine Art, über Lettering zu schreiben, geglaubt hat und ohne Andreas Böhm von Tombow, der uns zueinander gebracht hat, wäre dieses Buch (und die Dankesseite natürlich!) nicht in deinen Händen. Merci, merci!

Ja, ja, ich komm ja schon zum Schluss, aber das ist jetzt noch wichtig! Ein dickes „Thank YOU" fehlt noch, und zwar das an meine Fans & Social Friends und meine LeserInnen:

„Ihr macht alles bunt, was ich tue!"

(… sorry, das war geklaut von keinem Geringeren als Brad Pitt aus seiner – wie könnte es anders sein – diesjährigen Oscar-Dankesrede, hihi, aber genauso ist es. Bunt!)

Impressum

Bibliografische Information der Deutschen Bibliothek.

Die Deutsche Bibliothek verzeichnet diese Publikation in der Deutschen Nationalbibliografie.

Detaillierte bibliografische Daten sind im Internet über http://www.dnb.de/ abrufbar.

EIN BUCH DER EDITION MICHAEL FISCHER

1. Auflage 2021

Bildnachweis: © johnjohnson/Shutterstock (Farbspritzer/Cover); © Rainbow Nima/Shutterstock (Pinselstrich/Cover und Innenteil); © Dillahart/Shutterstock (Tafel-Hintergrund/Innenteil)

Covergestaltung: Anna Obermüller

Redaktion und Lektorat: Dr. Franziska Klorer

Layout: Anna Obermüller

ISBN 978-3-7459-0496-3

Gedruckt bei Polygraf Print, Čapajevova 44, 08001 Prešov, Slowakei

www.emf-verlag.de